JN302020

定刻主義者逝く

中山研一先生を偲ぶ

編集 「中山研一先生を偲ぶ」
　　　文集刊行委員会

成文堂

人の一生は重荷を負て
遠き道をゆくがごとし

天神さまの
牛にもたれて
夢見る童子

浜西 長崎天神在 研一

『新版口述刑法総論』の講義のひとコマ
(2002年9月、立命館大学)

ポーランドウッジ大学より名誉博士を授与され、奥様と（1989）

レニングラード、ツアールスコエ・セローにて（1989）

以下の 12 枚の写真は、先生が撮られ、ブログに掲載されたものです。

長岡天満宮の桃色の梅の花（2011.3.27）

三井寺の疎水の桜（2011.4.16）

琵琶湖大津館の庭のチューリップ（2011.4.26）

びわ湖イングリッシュガーデン（2009.4.29）

大津日吉神社の紅葉（2010.11.28）

雪の大晦日（かすむ比叡山）（2010.12.31）

連休の琵琶湖の風景（2010.5.5）

唐崎神社の松の風景（2010.6.11）

バラを載せた小さな車（2011.5.6）

琵琶湖の花火大会（2008.8.9）

三尾神社「卯年生まれの守り神」（2011.1.25）

志賀岩屋不動尊の護摩焚き（2010.10.19）

はしがき

　中山研一先生は、2011年7月31日、永眠されました。

　先生は、多年にわたり、きわめて多数のご業績を通じて刑事法学の発展に寄与されるとともに、京都大学、大阪市立大学および北陸大学の教員として、また立命館大学をはじめ多くの大学の非常勤講師として、多数の学生・大学院生を育てられました。さらに先生は、刑法読書会、刑事判例研究会、「刑事法学の動き」研究会、大阪刑事訴訟法研究会、「医療と法」関西フォーラム、経済刑法研究会などの研究会において、これらを指導あるいは参加されたほか、日本弁護士連合会刑事法制委員会においても長年助言者として、近年は弁護士委員として、多大の寄与をなされました。先生のご指導を受けた、あるいはまたご一緒に仕事をされた研究者・実務家は膨大な数に上ります。

　そこで、在りし日の先生を偲び、これまでお世話になった感謝の思いを込めて、追悼文集を作ることといたしました。呼びかけ人よりご案内を差し上げましたところ、多数の方々から、想いのこもった文章をお寄せいただくことができ、ここに文集の刊行に至りました。編集にあたりましては、呼びかけ人（＝「中山研一先生を偲ぶ」文集刊行委員会）のうち上田が、取りまとめと整理を行いました。

　この文集の表題につきましては、呼びかけ人の間でもいくつかの議論をいたしましたが、中山先生がご自分で編集された文集

（還暦に合わせて出された『一定刻主義者の歩み』および傘寿の際に出された『定刻主義者の歩み』）の表題に用いられたように、ご自身をそのように規定されていましたところから、『定刻主義者逝く―中山研一先生を偲ぶ―』とさせていただいたものです。

　準備のための期間が短かったこともあり、その意思がありながらご寄稿いただけなかった方々にはお詫びを申し上げますとともに、ご協力いただきました皆様方に感謝申し上げます。そして、この文集の刊行を快くお引き受けいただいた株式会社成文堂に、とりわけ、その編集の煩多な作業を自らお引き受けいただいた土子三男同社取締役に、篤くお礼申し上げるものです。

2011 年 12 月 20 日

　　　　　　　　　　　　　「中山研一先生を偲ぶ」文集刊行委員会

井戸田　侃	光藤　景皎
鈴木　茂嗣	浅田　和茂
上田　　寛	松宮　孝明
伊賀　興一	石川　元也
石松　竹雄	阿部　耕一

目　次

口　絵
はしがき

中山研一先生の思い出 …………………………… 浅田和茂　1
中山研一先生を偲ぶ ……………………………… 莇　立明　4
中山先生を偲んで ………………………………… 安達光治　7
カンボジアと中山研一先生 ……………………… 足立昌勝　10
中山先生との最後の別れ ………………………… 阿部耕一　13
中山研一先生、安らかにお眠りください …… 伊賀興一　17
中山刑法理論と私 ………………………………… 生田勝義　20
長岡京市の中山研一さん ………………………… 井ヶ田良治　23
日弁連活動と中山研一先生 ……………………… 石川元也　26
「中山研一先生を偲ぶ」 ………………………… 石原　明　29
中山研一先生のご逝去を悼む …………………… 石松竹雄　32
外来の学び舎 ……………………………………… 出森智子　35
中山さん　さようなら …………………………… 井戸田侃　39
中山研一先生の想い出 …………………………… 今井敬彌　42
わが師、わが想い── …………………………… 上田　寛　45
中山研一先生と私
　──社会主義刑法研究を通して── ………… 上野達彦　50
思いに残る一言 …………………………………… 宇田憲司　53
中山刑法学と刑罰論 ……………………………… 内田博文　57
中山先生の思い出 ………………………………… 岡部雅人　60
追憶──中山研一先生 …………………………… 甲斐克則　63
中山研一先生から学んだもの …………………… 加藤克佳　67

奇　瑞 ………………………………………………	門田(秋野)成人	70
中山研一先生を偲ぶ ………………………………	金澤文雄	73
中山研一先生との出会いと別れ …………………	金澤真理	76
中山先生から学んだこと …………………………	金子　博	79
中山先生と経済刑法研究会 ………………………	神山敏雄	81
中山説とヤコブス説―その意外な共通点 ……	川口浩一	84
中山研一先生を偲ぶ ………………………………	川端　博	89
ありがとうございました …………………………	桑原洋子	93
中山研一先生の思い出 ……………………………	小林敬和	96
中山先生とマルクス主義 …………………………	斉藤豊治	99
中山研一さんを偲ぶ ………………………………	阪村幸男	103
中山研一先生を偲ぶ ………………………………	坂元和夫	105
中山先生を偲んで …………………………………	佐川友佳子	108
中山先生と研究会、そしてロースクール ……	佐久間修	111
中山研一先生の思い出 ……………………………	塩谷　毅	114
果たせなかった出会い ……………………………	初宿正典	117
中山先生のこと―思い出すままに― …………	洲見光男	120
中山先生への謝辞 …………………………………	白井　諭	122
中山研一先生のご逝去を悼む ……………………	鈴木茂嗣	125
中山先生を偲んで …………………………………	須之内克彦	129
中山先生の思い出 …………………………………	関口和重	132
お別れの前に ………………………………………	関　哲夫	133
中山研一先生を第二の師として …………………	曽根威彦	138
二人の恩師と不肖の弟子 …………………………	武田　誠	140
「ありがとうございました」 ……………………	田坂　晶	143
中山研一先生のご逝去を悼む ……………………	立石二六	145
中山先生と「医療と法」関西フォーラム ……	田中圭二	147

近寄りがたかった中山先生	田淵浩二	151
中山研一先生を偲んで	辻本典央	154
熱海ハウスにて	土子三男	157
中山先生ご夫妻との思い出	豊川敬子	161
中山先生の学恩	豊田兼彦	163
中山さんと二つの研究会	内藤 謙	166
中山先生のご学恩	永井善之	168
中山研一先生を偲んで	永田憲史	171
中山研一先生を偲んで	中村悠人	174
「時間は守れ、時間は作れ」	西尾林太郎	176
中山さんへの最後の手紙	西原春夫	179
中山研一先生を偲ぶ	庭山英雄	184
中山先生の最後の「刑法各論」講義	野澤 充	186
追悼の辞	初谷良彦	189
中山先生との思い出	原 英幸	193
京民協のこと	平田武義	195
聞きそびれた事	福井 厚	198
中山研一君への想い出	福島重雄	201
「脳死・臓器移植研究会」の思い出	福間誠之	204
中山先生との邂逅	振津隆行	207
マルクス主義刑法と中山先生	本田 稔	209
中山研一先生をお偲びして	前川信夫	212
長年にわたり若い研究者の指導の中心だった中山先生	前野育三	215
中山研一先生を偲んで	松岡正章	218
中山研一さんを偲ぶ	松尾浩也	219
中山さんと教官研究集会	松尾尊兌	221

中山研一先生にお教えいただいたこと ………… 松原芳博 223
中山先生と旧制虎姫中学 ………… 松宮孝明 225
中山研一先生を偲ぶ ………… 的場梁次 229
中山研一先生の思い出
　——脳死・臓器移植研究会 ………… 丸山英二 233
中山研一先生をしのんで ………… 丸山泰弘 236
「中山さん、本当にご苦労様でした」 ………… 光藤景皎 239
先生からの2つの想い ………… 宮木康博 242
中山研一先生との邂逅 ………… 宮原辰夫 245
中山研一先生を偲んで ………… 武藤眞朗 248
道一筋を支えたもの
　——信念と戦後民主主義の精神 ………… 森本益之 251
中山先生のご冥福をお祈り申し上げます ………… 安田拓人 254
中山研一先生を偲んで ………… 山中敬一 257
中山研一先生を偲んで ………… 山中友理 260
中山研一先生を偲んで ………… 山名京子 262
中山研一先生を偲んで ………… 山本正樹 265
中山先生へ——惜別の辞 ………… 山本雅子 268
中山研一先生のノート ………… 横田尚昌 271
中山研一先生と「頑張る！」 ………… 吉井　匡 274
中山先生が求めたもの ………… 米田泰邦 276
「年1本」から「年3本」へ ………… 渡辺　修 279
中山研一先生に教えられたこと ………… 渡邊卓也 281

故 中山研一先生略歴・主要著作 ………… 285

中山研一先生の思い出

浅 田 和 茂

　私が中山研一先生（以下「先生」という）に初めてお目にかかったのは、京大法学部の学生時代（1967年頃）であるが、当時、先生の講義（「ソビエト法」）は受講していなかった。1969年に大学院修士課程に入学し「泉ハウス」の管理人となった後は、「刑法読書会」で定期的にお会いするようになった。それから実に40年以上にわたり、公私ともにご指導を受けてきた。長岡天神のご自宅に妻子を連れて伺ったこともある。1982年4月に先生は、京都大学法学部から大阪市立大学法学部に移られ、1990年3月まで8年間は同僚として勤務させていただいたので、さらに親交は深まった。

　「刑法読書会」「刑事判例研究会」「刑事法学の動き」「大阪刑事訴訟法研究会」「医療と法関西フォーラム」「経済刑法研究会」「日弁連刑事法制委員会」などにおいて、常に同席させていただき、毎月3回以上お会いすることが、20年以上も続いてきた。「刑法読書会」は私にとって研究者としての育ての親のようなものであり、日本にいるかぎりは、欠かさず出席してきた。佐伯先生、平場先生、中先生が亡くなられた後、今日まで支えてこられたのは先生であった。「刑事判例研究会」「刑事法学の動き」も長期に及ぶが、先生はほぼ皆勤で、年に数回は報告もされた。「医

療と法関西フォーラム」は、先生が代表者となって創設されたものであり、2011年10月15日の10周年記念シンポジウムでは、私が「故中山先生の医事法学について」というテーマで報告させていただいた。「経済刑法研究会」も、先生の肝いりで発足したものである。「研究会には出るのが当たり前」と自然に考えるようになったのも、先生の教えの賜物である。1988年からは、先生の推薦で「日弁連刑事法制委員会」の助言者にさせていただき、ご逝去直前まで一緒に参加してきた。

懐かしいのは、1995年正月から、先生の発案で、先生（1927年生まれ）、小生（1946年生まれ）、松宮孝明君（1958年生まれ）という世代の違う3人で『レヴィジオン刑法』を出版しようということになり、先生のご自宅で研究会を重ねたことである。終了後は、奥様の手料理をご馳走していただいた。『レヴィジオン刑法』は、1997年に「共犯論」、2002年に「未遂犯論・罪数論」、2009年に「構成要件・違法性・責任」を発刊して一応の完結を見たが、2006年4月に先生の奥様が亡くなられ、完結の報告ができなくなってしまったのは、誠に残念であった。

それにしても、先生の業績は膨大な数に達する。戦後日本の法学界において最も多作の先生といっても過言ではないであろう。刑事法研究第14巻『佐伯・小野博士の「日本法理」の研究』の発行日は2011年7月1日であり、ご逝去が7月31日であったことからも分かるように、先生は終生を研究に捧げられた。著書の多くは株式会社成文堂から出版されており、成文堂の阿部義任前社長との出会いについては、『一定刻主義者の歩み』147頁以下に記されている。熱海にある成文堂のマンション（熱海ハウス）が、長く先生の仕事場であった。先生を通じて、成文堂の土子三

男さんと知り合いになり、今では私にとって最も親しい方の一人となっている。熱海ハウスも何度か使わせていただいた。土子さんによると、先生は決して原稿を書かれるのが早いわけではなく、その代わりほぼ毎日 200 字 20 枚ほどの原稿を書いておられたとのことである。先生ご自身から、1 日を午前・午後・夜に 3 分し、そのうち 1 つ（2 つ）が他の用事で仕事にならなくても、他の 2 つ（1 つ）は仕事をすると伺ったこともあった。私は、締め切りが過ぎてギリギリになると徹夜で 1 日 50 枚ほど書くこともあったが（最近はそれも無理になった）、その前後 2・3 週間は何も書かない日が続く。ささいな用事が 1 つでもあると、その日はそれで終わりである。無為に 1 日を過ごした後、「これでは中山先生に叱られる」と思うことの繰り返しであった。

　先生は、私の知るかぎり、誰に対しても偉そうに振る舞うということがなかった。大学院生や若手研究者の報告に対しても、真摯に受け止めて的確なコメントを加えられ、そこから何かを学びとろうという姿勢で接しておられた。もっとも、以前から日本の体制側イデオロギーとりわけ保安処分や治安法に対する批判は厳しく、いわゆる実質的犯罪論に対しても強く批判してこられた（『刑法の基本思想』252 頁）。また、ここ数年は若干気が短くなられたのか、「その研究に一体どのような意味があるのか」などと辛辣に問われることもあった。学問的批判は厳しかったが、人格的批判をされることは殆どなかったと思う。先生のおられない研究会は、ポッカリと穴が開いている感じがする昨今である。

　思い出は尽きないが、先生の後継者の一人として、先生のご遺志を引き継ぎ、次の世代に伝えていきたいと思う。

（立命館大学教授）

中山研一先生を偲ぶ

莇　　立明

　長らくご無沙汰していた中山研一先生から、今年1月26日にお送りした年賀状の返信メールを受けた。思いがけずであったので、懐かしかった。

　「中山研一です。賀状を頂きながら、ご連絡が遅れました。お元気でご活躍の由、安心しました。私の方、年をとりましたが、まあ何とかやってます。5年前に家内が亡くなり、今は大津のびわ湖畔の高齢者用マンションに一人で住んでいます。長岡京市の家は空家のままです。研究生活は何とか続けており、京都や大阪での研究会には、なるべく出るようにしています。一度また、お会いしたいですね。午前中はたいてい家で仕事をしています。寒い日が続きますので、お大事に。」

　大阪の伊賀弁護士の事務所に弁護士登録されたこと、最近は「医療と法　関西フォーラム」会長として医療への関心を持たれ、脳死や移植問題で発言をされてこられたこと、専門の刑法では判例時報に故佐伯千仞先生の刑法理論の思想史的位置を考察する論文を連載されてこられたことなどは承知し、80歳を超えるご高齢ながらその意欲的な姿勢に感銘を受けてきた。

　あの人懐こい温顔の中山先生に是非お会いしたいと思い立ち、京都在住の弁護士仲間に声をかけ、ことし2月に先生との懇親会

が実現した。京都四条小橋の席で一同、先生との旧交を暖め、四方山話に花を咲かせた。先生は、お元気で、多弁であった。まさか、半年後に急逝されるとは思いもよらなかった。今度は、桜の頃にびわ湖畔の先生のマンションで花見をしようということにしてお別れした。

　それから、先生とのメール交換がはじまった。

　3月11日福島第一原発事故が発生した。水素爆発による大惨事が懸念される3月20日頃、中央大学阿部泰隆教授が「事故現場への決死隊を募集して惨事を防止しては」との提案がされたことがあった。中山先生から「新聞にアピールなどして、投書、広告などしてはどうか」とのご意見が返って来た。先生は、この原発事故を人災と理解され、東電や政府の責任を厳しく問わねばならないとブログでも発言された。ご病気についても検査と治療を計画的に行われ、まだまだ、気丈夫に生きて行かれることを信じていた。

　私が初めて中山先生を知ったのは50年も前に遡る。当時私は京都で弁護士登録をしたばかりで、先生はちゃきちゃきの若手法律学者であった。戦後の時代がおわり、日本は高度経済成長に向けて動きだし、世情は安保条約改定反対の運動で騒然としていた。その渦中にあって青年法律家協会の京都支部が設立された。いきなり私が議長となったのであったが、法律家運動など何も経験のない私は、先生から、いろいろなご指導やお世話を受けたのであった。以来、先生から事件や法律相談の紹介をうけたりし、また、私の担当事件について、先生へ法律専門家としての鑑定のお願いをしたりの交際が続いた。いま、思い出すことの一つに、先生のご郷里の長浜市の近郊の村で家庭内のもめごとで妻が夫に

絞殺され入浴中の溺死に偽装された事件があった。名刹で有名な村の菩提寺の住職が先生の幼少の友人であり、先生のご紹介で私が被告人の弁護を引き受けた。判決は当然、実刑であったが、被告人は比較的短期に出所して悔悟と亡妻への供養に生きる日々を重ねた。この紹介者のお寺の住職は地域の社会教育者でもあったが、当時出版された中山先生の著作『現代社会と治安法』（岩波新書）を読んでの感銘を私に語ってくださった記憶がある。この本は亡き宮内裕先生に捧げるとの添書がある。当時、気鋭の刑法学者であり、将来を嘱望された宮内先生の急逝のあとを受けて、中山先生が渾身の気迫を込めて書かれた名著であると私は思う。その後、類書が出ていないことを思うと、中山先生の若い頃からの実力と業績の偉大さを改めて痛感しているものです。晩年の先生は、関心の広がりの中で医療問題へのご発言も多くなり、私も医療関係の仕事が殆どであったため、何かと接触の機会が増えつつあったのであったが、ご急逝は誠に残念であった。ご冥福をお祈りします。(2011・10・24)

（弁護士）

中山先生を偲んで

安 達 光 治

　敬愛する中山研一先生が、今年（2011年）の7月末日に逝去されました。私は、この年の3月末まで1年半、ドイツに在外研究に出ており、帰国後すぐに出席した4月の刑法読書会で先生とお会いしたのが、結局、最後となりました。その研究会を終えて帰られる際に、「安達さん、よく帰ってきたね。」と先生から穏やかな口調で声を掛けて頂いたことは、一生忘れられないでしょう。

　私は、1996年に立命館大学大学院で学び始めてから、主に刑法読書会と同志社大学の刑事判例研究会をはじめとする研究会活動を通じて、先生からご指導を頂きました。もちろん、同志社大学の学生だった頃から著書を通じて先生のことは知っていましたが、大学院の先輩などから厳しい先生だと聞かされ、研究会での報告では、とにかく叱られないように、と緊張しながら臨んだことが思い出されます。研究会で先生からは、判例、文献の内容だけでなく、関連する事情について詳しい説明を求める質問をされ、その度に不勉強を自覚したものでした。しかし、そのことが新たな課題に挑戦するきっかけともなり、研究会に先生がいらっしゃることは、失礼を承知で申し上げますと、私にとって研究のモチベーションの源でした。

　研究活動において先生から教わったことは数え切れませんが、

思い出として、特に次の二つのことを挙げたいと思います。一つは、2001年に刑法学会関西部会で「客観的帰属論の意義について」という報告を行った際に、「日本の判例で、あなたのいう客観的帰属論の意義が認められるものは何かありますか」と質問を頂いたことです。このときは、ちょうどテストで「ヤマが当たった」学生のような感じを受けました。というのも、それはまさに事前に想定していたものであり、いわゆる管理・監督過失の事案を解答として準備していたからです。一定の場合に管理者・監督者に正犯としての結果帰属を認める（もちろん、結果に対する具体的予見可能性の点は別論として）私見は、おそらく先生と立場を異にすると思われますが、私の説明に先生は一応納得されたようでした。もう一つは、先生が、いわゆるビラ配布の問題に関する論文を書評される際に、私見を聞きたいということで、当時まだ会員でなかった「刑事法学の動き」の研究会に呼んでくださったことです。私は、2004年ごろから問題となり始めた、政治的なビラ配布を狙い撃ちにするような住居侵入罪の運用に対し、市民社会の危機を感じ、穏当なビラ配布の目的で集合住宅の共用部分に立ち入る行為は住居侵入罪に該当しないことを、刑法解釈論として論証する課題に取り組んでいました。こうした問題意識は先生もお持ちのようで、私の業績が目に留まったとのことでした。研究会ではいつものごとく不勉強を自覚することになりましたが、私のもう一つのメインテーマである住居侵入罪について考え直すきっかけともなりました。また、先生は折に触れて、「市民刑法学（市民のための、ないしは市民の目から見た刑法学）を受け継いでほしい」と、私に言われましたが、その意味をあらためて理解することができました。

こうした研究面だけでなく、私的な面でも、先生からは過分なご厚情を賜りました。私事ながら2007年に結婚式を挙げた際に、披露宴で、「これは大変めでたい。彼を胴上げしてやりたい気持ちだ。」とスピーチを頂いたことが、なかでも一番の思い出です（そして、先生のお言葉どおり、終了後に友人や後輩によって本当に胴上げされてしまいました）。後にブログを通じて知ったことですが、長年、先生はそういった席は遠慮されてきたとのことで、先生のお気持ちにあらためて感激したものでした。また、その後に、妻と二人で先生のご自宅にお礼に伺った際に、留学時代の思い出やご家庭でのことをお話しできたことも、楽しい思い出です。

　このように振り返ってみますと、特に職を得てからは、先生には可愛がって頂いたことばかりが思い出されます。それだけに、先生がいらっしゃらない、もうお会いすることができないというのは、なかなか受け入れ難いことです。しかし、そうした喪失感にいつまでも浸っていることは、おそらく先生も望んでいらっしゃらないでしょう。先生のご学恩に報いるため、先生の数多くのご業績を大事にしながら、少しでもそれを乗り越えていくことができれば、そして、市民刑法学の立場から学問の発展に寄与できれば、さらに、関西の研究会活動を少しでも盛り立てていくことができれば、と心を新たにしております。最後にいま一度、中山先生、本当に有難うございました。

（立命館大学教授）

カンボジアと中山研一先生

足 立 昌 勝

　学界を離れて、中山先生と親しくお付き合いしたのは、日弁連刑法委員会の会議の時とカンボジアを訪問した時である。

　1974年に法制審議会が法務大臣に改正刑法草案を諮問して以来、日弁連では、それの勉強会や反対運動を強めていた。刑法委員会では現行刑法の現代用語化を進めることになり、それへ向けての夏季合宿が熱海で開催され、吉川経夫先生の紹介により、村井敏邦さんと私が講師として招かれた。その後、保安処分が問題化した時に、中山先生が専門家として招かれ、それ以来、刑法委員会での付き合いが続いていた。

　もう一つの付き合いは、カンボジアでの付き合いである。

　中山先生が最初にカンボジアを訪問したのは、1999年2月のことである。それは、「日本・カンボジア法律家の会」の手による先生の『刑法入門』のクメール語版が完成し、その本の贈呈と記念講演を行うためであった。その旅には奥様も同行され、アンコールワットへも行かれたそうである（詳細については、『JJL第4次カンボジア調査団報告書』を参照されたい）。

　その旅には、私は同行していない。私が初めてカンボジアを訪問したのは、翌年であり、第5次調査団からである。その後、中山先生とは、カンボジアの旅をさらに2回ご一緒することになっ

た。

　私たちの主たる滞在先は、カンボジアの首都・プノンペンであり、任務は、そこにある王立プノンペン大学法経学部や私立大学で最初に法学部を設置したノートン大学法学部で講演会や講義を行うことであった。それらの詳細については、JJL 第 5 次および第 6 次調査団報告書を参照されたい。

　常夏の国・カンボジアでの活動は、高齢の中山先生には非常に困難なことであったと思われる。活動の合間にはホテルで休憩を取り、体力の回復を図られていた。時には、同行している木村晋介弁護士（JJL 共同代表）の勧めにより、タイ式マッサージを受けたこともある。

　また、先生には、クメール料理も苦手だったらしい。私にとってクメール料理は非常においしい食べ物であり、何回食べても、食べ飽きることはない。でも先生は、「日本料理を食べたい」という。「こんな熱帯で、日本料理の特徴であるお刺身を食べるなんて、愚の骨頂だ」と思いつつも、誰もがそれを口にはできず、日本料理を食べに行かざるを得なくなる。私は、一度は造反した。翌日にノートン大学での英語での講義が控えていたことを理由として、「講義の準備があるので、私はホテルで食べます」と言って、同行することを拒否した。同調するものが誰もいなかったが、それは、せめてもの抵抗である。

　最後にカンボジアに同行したのは、先生が日本大使館で講演会を開いた時である。その時のテーマは、「法の継受」であった。

　この時の先生は、まさに頑固者そのものであった。自分の講演会を成功させるためには、何の犠牲もいとわない。すべての者を自己の学生・家来のようにこき使った。その過程でどのような苦

労があったかも知らずに。

　講演会は成功裏に終わり、先生にとっては大満足の一日であった。しかし、周りの者にとっては、苦労の連続であった。それらの人たちに対し、「ありがとう」「ご苦労様」の一言もない。それでは雰囲気をぶち壊しである。

　最後に、先生の我儘をもう一つ。

　日本からカンボジアに行く時には、洋服を一枚ずつ脱いでいき、帰りは、逆に、一枚ずつ着重ねる感じ。これが一番大切である。最初に同行した時の帰り、ベトナムのタンソンニャット空港から日本に向かうとき、先生は私に、「君は暖かいものを着ているね。それを貸してくれないか。」と言われた。そう言われて拒否することはできない。私は、着ていたカシミアのVネックのセーターを脱ぎ、先生に貸したが、洗濯されることはなかった。

　まさに、先生は、研究一筋の「定刻主義者」であった。

（関東学院大学教授）

中山先生との最後の別れ

阿　部　耕　一

　中山先生と最後にお会いしたのは、先生が亡くなられる一週間前のことでした。私と妻と娘の3人で大津の病院に伺いました。聞いていたところでは、先生は大分弱られているとのことでしたので、心配いたしましたが、お元気なご様子だったので、安心したことを憶えております。

　そのときの話題は、楽しかったことが一番よかろうと思い、仕事の話しではなく、私どもの思い出の中で一番楽しかった、先生ご夫妻とのポーランド旅行のことを話しました。検査が控えていましたので、30分くらいの短い時間でした。

　別れるときに最後の著作となった論文集『佐伯・小野博士の「日本法理」の研究』を手渡しいたしました。先生はいつものように出来ましたか、ということでございました。

　私どもにとりましては、個人的にも、会社といたしましても、一番大事な方との最期の時となりました。それからというものは、あまりにも早い旅立ちでございました。

　先生は、生涯で単著41冊、共編著・翻訳書約50冊の本を出版されております。これだけの多さは、日本の法学者では初めてであろうと思います。私ども成文堂にとりましては、先生の出版物の多くを出版いただいておりまして、まさに、成文堂の発展の原

動力となったことは、いうまでもありません。本当にありがたいことで、心より感謝いたしております。また、私にとって光栄なことは、出版いただきましたご著書の「奥付」に著者中山研一先生の下に発行者阿部耕一が並んでいることです。出版人にとって、もっとも敬愛する先生と並んで名があるということは、恐縮すると同時にこんなに嬉しいことはありません。

1　勉強しなさい。

　娘の郁子が未だ小学校1、2年生の頃、熱海で初めて先生にお目にかかったときのことですが、先生は娘と長男成一（現成文堂専務）に少し話したいことがあると言われ、ふたりとも大いに緊張し、チョコンと正座をして先生の話しを聞きました。初対面の先生を前にして、大学者であるという事は子供ながらに感じていたようです。おおいに勉強をしなさい、と言われていたようでした。娘は、弟の成一は未だ幼稚園児で文字も読めないのに、勉強しなさいという言葉が不思議に思ったそうです。

　また、先生は90歳近いおばあちゃん（奥様のお母様）にも、おばあちゃんは健康食のパンフレットをたくさん取り寄せてはいろいろと検討しているが、そのような時間があるのだから、何か一つのことを勉強すれば一つくらいの作品が出来るのに、もったいない。何故、勉強しないのだろうと言われておられたようです。私にとっては不思議なことでした。

　勉強といえば、こんなこともありました。先生は、編集会議で先生方に執筆を依頼するときのこと、それぞれに研究しているテーマに応じて順番に依頼先を決めていくのですが、そこでどうしても、2、3の項目について、お願いする適当な方が見つからな

いときに、先生は、その項目については、一度も勉強していないので、良い機会だから、私が担当いたしましょう。ということになりました。このようなときに良い機会だからと言われるほど、先生は勉強が大好きだったようでした。

また、熱海ハウスで執筆をしていただく時のこと。先生のお世話をしてくれたお手伝いさんが、先生は、何時も同じ姿勢で机についておられると感心していたことがありました。私どもが一度先生に、肘掛と座椅子を用意いたしましょうか、と言ったことがありました。すると、先生は肘掛だとどうしても肘掛に寄りかかります。座椅子だと一服の姿勢になって仕事がはかどりません、と言って二つとも断られたことがありました。なるほどと思いました。

2 ポーランドの思い出

他に、私が一番印象に残っている先生とのことは、ポーランド旅行の事です。先生がウッジ大学から名誉博士を受章される式典に私ども夫婦も一緒に行かないかとお誘いをいただきました。私どもは、こんなことはめったにないことだと思い、ご一緒することになりました。何事にも頓着しない先生と、いろいろと気を遣っていただく奥様と私ども夫婦でした。これは、以前、来日された折にご縁がありましたホイスト先生からのご招待でした。

そのとき、先生はレニングラードからポーランドに来られ、私どもは、ロンドンからポーランドに入りました。ワルシャワで一緒になり、ウッジで一泊し、大学での式典の後、ワルシャワにもどりました。その後、チェコとの国境のザコパネに行き、ザコパネを見学し、翌日、東ヨーロッパの素晴らしい古都クラコフを訪

れました。さらに、クラコフからユラータという保養地に行き、その後グダニスクに行き、バルト海の荒波を見て、グダニスクからふたたびワルシャワへもどりました。お陰で素晴らしい旅となりました。こんなに楽しい思い出になるヨーロッパの旅は、西原春夫先生とご一緒したドイツ旅行以来でございました。旅行中の奥様の濃やかな心配りに感謝いたしますとともに、われわれにとっては宝といえる懐かしい思い出となりました。先生、奥様ありがとうございました。

(成文堂社長)

中山研一先生、安らかにお眠りください

伊 賀 興 一

　中山先生に伊賀・笠松法律事務所の客員弁護士としておいでいただいてから、10年の年月を数えます。医療観察法の政府原案の提出とその反対運動がなかったら、先生とわたしが10年の長きにわたり事務所をご一緒することはなかったでしょう。

　中山先生は、日弁連が「改正刑法草案」による改正に反対するため刑法改正阻止実行委員会を立ち上げた際、吉川先生とともに助言者をされ、その立場を鮮明にされました。このとき、保安処分にいち早く反対を提起した日弁連と行動をともにされることには、当時の学会の雰囲気からいっても大変な勇気がいった事だろうと想像します。重罰化と処罰範囲の拡大、保安処分の新設という内容をもつ改正刑法草案による改正は、その後、見事に阻止されたことは日本の刑法史に残る出来事であったろうと考えます。

　しかしながら、その後の政治情勢の変化の中で、一面において改正刑法草案の中身が特別法や刑法の一部改正という形で取り込まれていっていることも見ておかねばなりません。中山先生は、長年日弁連の刑事法制委員会（前記実行委員会を継承）の助言者をされていましたが、そんな状況の中で、なかなか日弁連の助言者を辞められない、とつぶやいておられました。

　助言どころか、理論的にも日弁連を引っ張っていただいたの

が、2002年5月、医療観察法の政府原案が国会に提出されてのことでした。日弁連は会長を本部長とする医療観察法反対運動を組みました。わたしはその事務局長として日弁連の反対運動の渉にあたることになったのですが、中山先生はその助言者にもなっていただきました。

このころにちょうど中山先生の大学教員の仕事が一段落したこともあって、私どもの事務所においでいただくことになりました。

日弁連他の反対運動は政府原案の重大な修正を引き出しました。政府原案から「再犯のおそれ」の削除と「この法律による医療の必要」という要件への修正は、その制定時の議論から施行後の実施段階、5年後の見直し段階と、理論的にも実践的にも、根本的な影響を与えています。こうしたことについて、中山先生から、「隠れた保安処分」の方向へ変質させる動きに注意を怠らないことと何度もご指摘いただきながら、事務所の中で議論したことを昨日のように思い出します。

この間に、中山先生は刑事法研究第10巻「心神喪失者等医療観察法の性格」、同11巻「心神喪失者等医療観察法案の国会審議」を執筆され、処遇要件から「再犯のおそれ」が削除されたことによって法律の性格を変えたことをほぼ確定された業績はきわめて大きいものがありました。

わたしはよく中山先生に、日弁連の付添人活動は不十分な面もあるけど、「治療反応性」を読み込まざるを得ない法案修正は大変大きいですね、というと、先の忠告を受けたものです。

中山先生には、事務所に月に1回程度は必ず顔を出していただいていました。一方で、一度被疑者弁護に同行いただきました。

しかし、連日の接見には体がついていかん、とおっしゃったこともあり、あまり弁護士の実務には加わっていただかないようにしていました。それでも、危険運転致傷被告事件の弁護人及び鑑定人として、法廷での弁論にも参加いただくなど、私どもの事務所にとって、大変大きな存在であったこと、感謝に堪えないところです。

所員一同、先生が今年の６月ころから連絡がなく、何かまた執筆に集中されているのか、と気にしながら事務所からの連絡を控えていた矢先に、浅田先生から中山先生が入院された、とお聞きし、とるものもとりあえずお見舞いにうかがった次第です。そのときはわたしが手を握ったときには反応がなかったのに、事務所の女性事務長が手を握ったときは少しニコッとされた様子で、これなら元気になられるな、と少し安堵したのですが、その翌日、旅立たれてしまいました。

中山先生、先生のような大きな業績を上げられた先生が私どもの事務所に席を置いていただく栄誉を与えていただき、時間のある限りさまざまなお話を聞かせていただいたことを、心より感謝します。

先生が常におっしゃっておられた、学者であれ、実務家であれ、ヒューマニズムが肝心、という言葉を胸に、所員一同、一日一日努力して生きていきます。

どうか、見守っていてください。

どうか、安らかにお休みください。

（弁護士）

中山刑法理論と私

生 田 勝 義

巨星としての先生

巨星墜ちる。中山先生の訃報に接したとき、まさにそのような思いがした。天上に輝く巨星を見ることによって、旅する者は自らの進むべき方向を定めることができる。中山先生は、私にとってそのような巨星のひとつであった。

中山先生の謦咳に初めて接したのは、私がまだ阪大の大学院後期課程の院生であった頃、誘われて参加した泉ハウスにおける刑法読書会の席であった。その後、いくつかの研究会や学会でも先生のお話を伺う機会をもつことになるのだが、私が一番影響を受けたのは何といっても刑法読書会でのお話である。

刑法読書会では、最近の外国文献を紹介する報告を受け、参加者一同で検討していた。もっとも、報告を聴いただけでは何を言っているのかわからないことも少なからずあった。ところが、である。報告が終わるや否や、先生が鮮やかに報告内容を整理し、しかも、日本の問題状況に鑑み検討すべき論点を提示される。それに思わず納得させられてしまうがゆえに、それに続く議論はおおむね先生の論点整理に沿って行われることになる。

先行研究を分かりやすく整理・要約し、問題のありかや検討課題を切れ味よく提示する点での見事さは、先生の数多い御論考に

も共通する特徴である。先生の問題整理に導かれて自らの研究方向を定めていく。そのような経験をした人は私以外にもたくさんいたのではなかろうか。後進に自説を押し付けない。けれども、先生のお考えに大きく影響される。先生は、多数の著作を発表されるだけでなく、月毎の定例研究会にも毎回出席されてこられた。先生の謦咳に接しつつ研究者になった人も多い。まさに刑法学界の巨星でもあったというべきであろう。

中山刑法理論から得たもの

　中山先生の刑法に関する理論活動は多岐にわたっている。それに比べると、私の主たる研究領域や対象は極めて限られたものであるにすぎない。それでも、かなりの点で影響を受けてきた。

　第1は、違法論での影響である。違法の実質についての結果無価値論か行為無価値論かというに止まらず、侵害刑法か義務刑法か、物的違法か違法の精神化か、といった対立軸で問題を検討するという視点は、中山理論から教えられたものである。主観的違法要素を否定し、目的に対応する客観的危険を違法要素に据えるという見解も、物的違法論を貫徹するものとして、大変魅力的であった。

　第2は、生命の位置づけである。これは、死刑制度や脳死問題、安楽死・尊厳死・自然死などの生命倫理と刑法に関する問題、また被害者の承諾をめぐる解釈論にも関係する。

　第3は、規範的責任論に典型的に表れた規範主義への対応の仕方である。心理的責任論を克服するとして登場した規範的責任論では、責任にある心理的事実、とくに結果と心理とのつながりを軽視ないし無視する方向に行きやすい。先生は、規範的責任論に

依拠しながらも、心理的事実なしには、責任は行為者でなく、裁判官の頭の中にあることになってしまうとして、規範的評価の前提として心理的事実が重要であることを示された。規範主義刑法理論が人権論抜きの機能主義とからみながら優勢になりつつある現状を前にすると、先生のご指摘は引き続き重要であろう。

行為原理の捉え方

責任原理や行為刑法は語られても、行為原理は久しく語られなかった。私が行為原理の重要性に気づいたのは、先生が東独の学者による近代啓蒙刑法理論研究を精力的に紹介してくれたおかげである。結果無価値論の「結果」の曖昧さや不作為犯の侵害刑法との矛盾に悩んでいた私にとり、行為原理は新たな理論的地平を切り開いてくれるものであった。

近代刑法原理としての行為原理は、刑法が犯罪にできるのは社会を侵害する行為のみであるというものである。この意味での行為原理は、従来の支配的刑法理論を根底からひっくり返しかねないほどの深みと広がりをもっている。しかも、日本の現行刑法典ならその解釈論としても展開可能なものである。1980年代中葉からそのような考えに基づいて在外研究を含め思索を重ねてきた。自分としては中山刑法理論の発展だと思っていたのだが、先生からすると先行研究を無視する暴論のように見えたのかもしれない。もっと着実にやれとお叱りを受けたこともある。しかし、最近出版した拙著『人間の安全と刑法』については「生田刑法の集大成で、基本的に異存はない」とのお言葉を頂戴した。

もっと深くお話しを伺っておきたかったと思う昨今である。

(立命館大学教授)

長岡京市の中山研一さん

井ヶ田　良治

　中山さんが長岡町梅が丘に引っ越してこられたのはいつだったでしょう。当市域の宅地造成の最初が東代で次が梅が丘でした。初めてお会いしたのは1950年代で、確か京都民科法律部会の研究会だったと思います。同い歳であったし、京大の宮内裕先生の指導を受けているとあって、急速に親しくなったのですが、長岡にこられるまでは破壊活動防止法反対を契機に1952年に結成された「京都地区各大学憲法擁護教授懇談会」の同じ事務局メンバーという程度の付き合いでしたが、私は長岡天満宮をはさんで北にあたる東代に1956年に移り住んでいましたから、天満宮南隣の梅が丘とは自転車で5分もあれば訪問できる近所になったわけです。阪急電車でよく出遇うので一層親しくなりました。平安文学の清水好子関西大学教授も夫君の克彦京都女子大教授とご一緒に梅が丘に入居されました。憲法問題に限らず高度成長のひずみが顕在化してきた頃で公害問題が社会問題として対立の焦点となっていました。梅が丘には町内会がありません。戦時中の軍国主義の下での隣組を経験した清水夫妻は隣組に反対しました。町では住民とのつながりと行政伝達を町内会や隣組の助けなしには遂行できなくなっていました。隣組が配らなければ市のお報せなども市の職員が一軒づつ廻らなければなりません。隣組反対はプラ

イバシーを大切にする近代的市民生活を営む試みだったといっても良いかもしれません。こうした中で大学紛争を経て中山さんは大阪市立大学に籍を移され、目覚ましい学問的活動に励まれました。梅が丘での2番目の家が気に入らず新たな家を新築し、書斎にこもって時間のたつのも忘れて仕事をされる学究生活は羨ましい限りでした。

　町が市になる流れの中で梅が丘や東代などの住宅地に散在していた知人達の共通の声として何でも気楽に話し合える集まりを持とうという事になり、東代に住んでおられた滋賀大学の有田正三先生を中心に「長岡文化懇話会」を立ち上げ、今でいうフォーラム風のゆるい集まりを作りました。中山さんは時間の許す限り会に出席され、事務局の相談に乗ってくれました。「懇話会」は90年代で途切れてしまいましたが、お連れ合いの急逝を悲しむ有田先生を慰める集いや東京へ帰られる高内俊一立命館大学教授を送る会を開いた時も中山さんは欠かさず参加され談論風発、日本の現状に対する鋭い批判を展開しておられたのが思い出されます。病気で中絶されるまで続けられたインターネットのブログに一層磨きのかかった社会批評を書いておられたので新しいブログを読むのを待ち遠しく感じておりました。もう中山さんの社会批評を読むことが出来ないと思うと残念です。

　冗談などをあまりいわれない中山さんでしたが、こだわりない悪戯心もあって、ぷっと吹き出すようなこともありました。或時阪急電車で乗り合わせ並んで腰かけたら、「変わったろう」と言うのです。何のことか分からない私は「何」と問い返すばかり。隣に座っているのに分かりません。とうとう焦れた中山さんは頭の上にのせたかつらを引っぱって額の上でぱくぱくと浮かせて見

せてくれたのです。日頃髪の毛の薄いのを気にしていた中山さんのふさふさした髪の毛でした。「似合うよ」と言おうとした途端、プウッと吹き出す音。向い側に座って唖然としてこれを見ていた若い女性が笑いをこらえ切れずに噴き出したのです。中山さんは平然として更に何回かぱくぱくやって見せてくれました。そんな楽しい無邪気で無頓着な一面もあったのです。思い出すことは数限りもありませんが、紙幅が尽きそうです。思い出は胸中にしまっておきましょう。

　中山さんのお連れ合いの急逝には慰めの言葉も見つかりませんでした。特別養護老人ホーム「天神の杜」で介護してもらっていた御母堂さまが百歳になられたとお聞きしましたが、お連れ合い様の顔が見えないので、はじめは何回も尋ねていたが、後には聞かなくなった、きっと亡くなったことを知ったのだろうと話された時の中山さんのさびしそうな様子が今も忘れられません。

　ご母堂さまを喪った後、滋賀の大津のマンションに移られてからはほとんどお会いする機会をもてませんでした。ブログを時々開いて対話したつもりになりました。一度もマンションをお訪ねすることなく、お別れすることになってしまいました。寂しくなりました。ブログに載っている中山さんのお写真を眺めて、思い出を噛みしめています。

（同志社大学名誉教授）

日弁連活動と中山研一先生

石 川 元 也

　中山研一先生は、4歳の年上であるが、はるか先輩のような大人の風格のひとであった。佐伯千仭先生亡きあとの関西刑事法学界のリーダーであった先生を、ここで失った損失は実に大きいものがある。

　中山先生との出会いは、故宮内　裕先生に紹介していただいたころと思うが、親しくさせていただいたのは、日弁連刑法「改正」阻止実行委員会の助言者として、お世話になってからである。

　とくに、1981年7月から1984年6月まで、23回にわたる法務省と日弁連との意見交換会では、極めて適切なご助言をいただいた。毎回の意見交換会の間に、1、2回の検討・準備会がもたれたが、そこでは、われわれ日弁連委員の意見に対する先生の厳しい反対尋問があった。それを乗り越えての本番での意見には説得力があったといえよう。残された保安処分問題についても、「精神医療の抜本的改善で」という日弁連の具体的な提案もあり、ついに、法務省も草案に基づく刑法改正を事実上、断念せざるを得なくなった。永年の審議を経てきた法制審議会草案による立法作業を棚上げするという、いわば前代未聞の事態を招来できたのであるが、その一翼を担っていただいたものだ。

その後の、刑法の平易化（口語化）の提案などの日弁連の対案作りにもお世話になったし、また、脳死と臓器移植の問題への取り組み、さらに、保安処分問題の延長線上の心神喪失者等医療観察法の問題でも、つねに、理論的支えをしていただいた。

　先生自身も、「刑法改正問題の十三年」（日弁連刑法改正対策委員会、1989年3月刊）の中で、「刑法改正問題への対応と日弁連への期待」と題する論攷を寄せられている。当時、刑法研究会試案（1982）の作成に関与するとともに、日弁連の活動に側面的援助をしたが、「とくにその際、最大の懸案事項として残された『保安処分』の問題に焦点をあてて、問題点を総括し方向性を与える必要性があることを痛感していた。その課題は不十分ながら果たすことができた（刑法改正と保安処分、昭六一）」と述べておられるところである。この「刑法改正と保安処分」は、刑事法研究第二巻にあたる。

　弁護士登録をされてからは、委員会の委員として、活動を続けていただいた。なくなられるまで、日弁連刑事法制委員会の委員であった。

　先生は、常に、原理・原則を重視されながら、当面する事案に対して、バランス感覚に優れた回答を用意されたと思う。わたしは、もっとも身近にそれを受け止めることができて幸せだった。

　先生の実践的なセンスは、多くの事件での鑑定や証人としての意見にも表れていた。裁判所には、そう簡単には受け入れられなかったものもあるが、先生は、さらに深めて、「刑事法研究」に結実された。14巻に及ぶ「研究」の何巻かに、「選挙犯罪」「争議行為のあおり罪」、「わいせつ罪」、「ビラ貼り」などの具体的事

例を見ることができる。

　先生は、実体法が専門でおられるが、いつごろからか、大阪刑事訴訟法研究会にもお顔を出されるようになった。そこでの報告者への質問やご意見も、実に見事なものであった。ことにそのテーマごとに、その目的意識の立て方、おき方に対しては鋭い指摘をされていた。それが、研究会に快い緊張感をもたらしていたように、私は感心していたものだ。

　先生の研究活動と離れてのおつきあいが始まったのは、2006年4月に奥様を亡くされてからである。余りにも憔悴されておられるご様子に、何か別の面から、応援させてもらおうかと、歌舞伎、オペラ、文楽と、お誘いをかけた。
　先生は、その都度、「刑法学ブログ」に「大阪の石川弁護士のお誘いで」と書いておられた。ごらんになった方々も多いと思うが、お弟子さん筋の方からは、石川さんいいことをしてくれたと、声を掛けられたものだ。
　歌舞伎やオペラは、もう一つのようであったが、文楽はすっかり気に入られたようで、2010年11月公演まで、年4回の公演のほぼ全てにご一緒するようになった。義理人情のこの世界を、先生のブログでの紹介や評は、私にとっても非常に新鮮に感じられたものだった。2011年4月公演には、ちょっと具合を悪くしているからといわれたが、こんなにも早くなくなられるとは思いもよらなかった。ひとしお残念な思いが深い。

　　　　　　　　　（弁護士・元日弁連刑事法制委員会委員長）

「中山研一先生を偲ぶ」

石 原　　明

　2011年8月1日の夜、浅田和茂さんから中山研一先生が7月31日に永眠されたとの電話を受けて、愕然としました。それに先立つ7月の上旬には、中山先生著の刑事法研究第14巻『佐伯・小野博士の「日本法理」の研究』を御恵贈いただいたばかりで、御高齢にもかかわらず引き続き精力的に著作活動をなさっている先生に、強く敬服の念を抱いていたところでした。そして7月11日には、そのお礼とやや詳しく私の現状報告を兼ねてお葉書きを出しましたが、間を置かずに先生が亡くなられたことは、本当にショックでした。

　私は先生から数々の学恩を受けていますが、個人的にも大変にお世話になりました。一つは私と家内の結婚式において、先生御夫妻に仲人になっていただいて今日に至っていること、そして二番目には、私がドイツのケルン大学に留学する際に、同大学のヒルシュ教授を紹介していただいたことです。おかげでそこでの2年間は、ヒルシュ教授の大変に親切なお心使いに触れ、有意義で楽しい留学生活を送ることができました。そして三番目には、拙著『医療と法と生命倫理』（日本評論社、1997年）を学位論文として京都大学の審査員の先生方に紹介していただいたことです。

　私の研究生活としては、前半は刑事政策を、そして後半は先端

医療とその倫理問題を中心にやってきたのですが、このいずれにおいても中山先生に色々と御指導をいただきました。まさにその御恩は深甚なものがあります。ここで、中山先生からいただいた学恩の一端を感謝の念をこめて少し述べさせていただきます。

先ず京大大学院を終えて神戸学院大学法学部に就職した当初において、中山先生と共訳という形で「チェコスロヴァキアの新行刑法」(法学論叢 1969 年 84 巻 5〜6 号)、「ルーマニアの新行刑法」(法学論叢 1971 年 89 巻 1 号)、「ポーランドの新刑法典」(神戸学院法学 1972 年 3 巻 1〜3 号) という翻訳の仕事をさせていただきました。次いでその当時、監獄法改正の気運が高まりつつあった折から、関西からは中山研一先生や吉岡一男先生をはじめ数名の刑事法学者が、そして関東からは平野龍一先生や松尾浩也先生をはじめ数名の刑事法学者が、合同で「監獄法研究会」を立ち上げ主として東京で会合を持ちましたが、私も中山先生の口添えでそのメンバーに入れていただき、何度か東京に行ったものでした。1980 年に青林書院から、いずれも研究会のメンバーであった墨谷・前野・森本そして石原の共著として『刑事政策』を出版しましたが、これが当時、司法試験の基本書として定評を得たのも、この研究会のおかげだと思っています。次に、ケルン大学留学を区切りとして私は、当時の最先端医療が法律との関係を密に持つことに興味を持って、その方面の研究に向かいましたが、折りしも大阪府医師会の主催による"医事裁判と医療の実際"というテーマで、数名の法学者と医学者による毎月 1 回の連続研究報告と討論の会が行われ、ここでも中山先生が私をメンバーとして加えてくださって、私は「臓器移植の法的問題」のテーマで講演をしました。これらの全講演者の論述と討論は 1985 年に成文堂から

『医事裁判と医療の実際』として出版されています。そうしているうちにわが国でも周知のように、心臓移植と死の判定基準が社会的に大きく論じられるようになり、それに相呼応して中山先生を中心とした少数の法学者と医学者による"脳死と臓器移植法研究会"を作って、医と法による合同研究を数年間続け、私もその連絡係をやらせていただきました。そのほかにもより大掛かりなシンポジウムが神戸や東京などで行われ、また日本刑法学会でも取り上げられましたが、中山先生と同席して私も参加しました。こうしたことの成果が中山先生を中心にして編纂された『本音で語る脳死・移植』（メディカ出版、1994 年）や『臓器移植法ハンドブック』（日本評論社、1998 年）などとなって出版されています。なお終末期医療に関しては、中山先生と私との共編著になる『資料に見る尊厳死問題』（日本評論社、1993 年）を出版し、先生からいろいろと御教示をいただきました。

　こうしたことを土台として私の学位論文としたのですが、これらの医と法と生命倫理の諸問題については、中山先生の御自宅に何度もお伺いして論じ合ったり御叱正をいただいたりして、数限りない学恩を中山先生から賜りました。その先生が永眠されたことは、私にとっても痛恨の極みであります。ここに在りし日の先生の面影を偲んで、心より御冥福をお祈り申し上げる次第です。

　なお末筆になりましたが、御子息の乾一郎様、御令嬢の三澤葉子様には、心より御尊父様へのお悔やみを申し上げますと共に、御健勝であられますことをお祈り致します。

　拙文ではありますが、これをもちまして「中山研一先生を偲ぶ」への寄稿文とさせていただきます。

（神戸学院大学名誉教授）

中山研一先生のご逝去を悼む

石 松 竹 雄

　中山研一先生のお名前をはじめて存じ上げたのは、ソビエト法研究者としてですが、それが正確に何時のころか全く記憶にありません。社会主義が、ナチズムと共に資本主義社会が生んだ双生の鬼子か、それとも資本主義の正当な後継者かということは、私の若いころから抱いていた大きな疑問の一つでした。したがって、ソビエト法が如何なる理念のもとに如何なる機能を果たしているか、ということに無関心であったわけではありません。ただ、ずっと裁判実務を担当し、その実務に埋没してしまい、中山先生の著書論文を精読するような余裕は全くありませんでした。

　中山先生に直接お目にかかったのは、私が大阪地裁から同高裁に転勤した昭和49年前後のことのように思います。私の記憶に誤りがなければ、多分京都大学内で行われた法学生の弁論大会の審査員の一人として招かれたことがありましたが、その時の主催者側の代表が中山先生でした。当時は、刑事の公判廷ではいわゆる荒れる法廷問題がまだ終息していませんでしたし、裁判所内部でも司法の危機問題がまだクスぼっていて、落ち着かない日々を送っていた私は、弁論大会に立ち会ったものの、ちゃらんぽらんの意見を気ままに述べただけでした。しかし、中山先生は、最後に述べられた総評の中で、大変精緻で肯綮に当たった論評をさ

れ、それをお聞きして、粗雑きわまる意見しか述べられなかった私は忸怩たる思いをし、流石に本格的な勉強をされた学者は違うな、と思い知らされたことでした。

その後、長く中山先生とお会いする機会はなかったように思いますが、しばしばお会いするようになったのは、中山先生が大阪刑事訴訟法研究会に出席されるようになられてからです。この研究会において、先生は、実体法中心の研究者でしたのにかかわらず、刑事裁判実務上の疑問点を的確に提示され、それを正す道を真摯に追求されようとしていたと思われます。長年刑事裁判実務に携わりながら先生の疑問に正確にお応え出来なかったことを申し訳なく思っております。

ブレトン・ウッズ体制下の金ドル本位制が崩壊し、紙切れに過ぎない通貨が国家権力、特にアメリカのそれによって支えられている現在の経済制度の下で、有り余った通貨は、やがて資本主義を混乱・迷走させるのではないか、というのが私の偽らざる考えです。その後に続くと名乗りを挙げていたソ連式の社会主義社会はあえなく崩壊しました。しかし、資本主義社会が世界的な貧富の格差と人口の増大、そして乱舞する投機資金で行き詰まった後には、やはり財産の社会化の進んだ社会主義的社会を構想せざるのを得ないのではないか。それは、どんな社会であり、どのようにして実現されるのか。そんなことを、旧社会主義諸国の実情に通じた中山先生と論じ、教えを乞いたいと思ったこともありました。ただ、私の貧弱な知識では、到底議論にもならないと思い、話しにも出せないうちに先生の急逝を迎えてしまいました。所詮はかなわぬことであったかもしれませんが、折角お近づきできるようになったのにと思えば、やはり一抹の心残りです。

こんなことをくどくど申しても何の益もないことは承知いたしておりますが、在天の先生が、この不勉強の老人に少しでも、導きの光をお届けくださるのではないか、と念じつつ、追悼にもならぬ追悼文を認めました。
　どうか安らかにお眠りください。

（弁護士）

外来の学び舎

出 森 智 子

　中山研一先生との出会いは、医療と法の関西フォーラムでした。先生は、当院を受診される際には、必ず連絡を下さるようになりました。正確な時間と、経路、病院のどのあたりにいるか、帰りの予定をメールで連絡をしてくださっていました。もう5年になります。

　先生が外来受診される際は、できるだけお会いしてお話をしました。外来のソファに腰かけながら、患者の立場からみる医療について、情景を垣間見るような語りで展開される先生のお話は、「本物は違う」「医療って何？」「どう生きるか」「どう幕をとじるか」私にとってプロ意識を刺激するものでした。この貴重な時間は、先生を独占して受ける生の授業です。

　当院最後の外来受診前、「数日前、法事に島根県に電車で行き、少し重いものを持ったせいかどうも背中や脇腹が痛くて、今日は検査を止めようかと思いましたが娘がタクシーで送ってくれました。今回は、どうもただごとではないように思います」そんな心細い会話からでした。いつもと違う様は傍らにいると察知できました。私は、先生に悟られまいと、「少しお疲れのところ重いものを持たれたのでしょうか……」と話しました。最後の外来受診の日は、ソファでうとうとされていました。この頃は、とても体

はお辛かったことと察しています。外来待ち時間に本を読んでおられた先生の姿はなく、トントンと傍らで肩をたたいても気づかれない様子でしたので、お話しは控えました。しかし、この日の外来受診は、先生にとって覚悟を余儀なくされるものだったはずです。後に、私はこの場面を傍にいなかった自身をずっと、ずっと悔やみました。ところが後日"刑法ブログ"では、医師の説明を聴いてか聴かずか、あえて書かれていないのか（今となっては不明）詳しい病状について書かれていませんでした。どこかしら、神様が先生に痛みの緩和と共に与えて下さった病状の理解と思えてきました。（どうかインフォームド・コンセントの是非は問わないでください）ここで生の授業は、永久に終わりを迎えました。

お通夜の日にご紹介いただいた著書『定刻主義者の歩み』（成文堂、2007年）を先生に改めて出会うために読み進める中、外来で語っておられた声が聴こえてくるようでした。私は特に172頁～173頁にかけての「四　本の読み方について～五　忍耐と継続について」は大好きで毎日1回は開いています。"楽しい"という言葉が2回でてきます。学ぶことが楽しくなってくるような気がするからです。人間は、試練に立ち向かう勇気が湧くまでには少なからず悩みます。試練を克服した後の状況を期待しながら進みます。しかし、先生の言葉は、"学ぶこと"を"楽しむ"ように諭されています。そこから、生きることは、学び続けることと受け止めています。

私には、先生とのお約束が叶わなかったことが1つあります。先生は、私が医療メディエーターとして仕事をしていることを知るや否や「私も大変興味があります。お勉強したいので教えてください」とおっしゃり、経験を語ると、少し左側に首を曲げ嬉し

そうに、そして大きく目を見開いて聴いておられました。即、「お勉強するので何か参考になるものを紹介してください」とメールが届きました。医療メディエーションについて尽力されている早稲田大学大学院法務研究科和田仁孝教授、山形大学医学部中西淑美准教授に相談しました。すると和田教授は、京大法学部で先生が教授をされている頃の教え子であるとのことから、先生に直接お送り頂くことになりました。先生は、世間は狭いですねと言われつつ"教え子"にとても喜ばれました。また中西准教授からも直接お送り頂きました。その後『ところで、地震の前に、山形大學医学部の中西淑美さんから、医療メディエーションに関する資料をいくつか送って頂き、お礼のハガキを投函した直後に地震が起こりました。山形県は大丈夫と思いますが、ご無事が確認されていますか。いま、頂いた資料を読んでいますが、参考になります。お聞きしたいこともありますので、機会を見て、あざみさんとご一緒にでもびわ湖を見に、お出で下さい。私の方は、年をとりましたが、まあ何とか研究生活を続けています。では、どうかお元気で。中山　研一　2011年3月15日メールより』この投函された葉書には、『この概念を一緒にすすめていきたい。もう少し時間がほしい』と書かれていたそうです。

　東北の震災後にいただいたメールですがお人柄が偲ばれ、どこまでも貪欲に学んでいかれるお姿は『薫陶』という言葉で表現されます。"お聞きしたいこと"に緊張しながらも、お会いする日を桜の咲く時期に……新緑の時期に……検査が終わり落ち着いたら・と実現できないままになりました。

　もう少し成長したら、大津へ出かけ琵琶湖を見に行きます。無限なる生の授業をありがとうございました。心から感謝の思いを

込めて、ご冥福を心からお祈りします。
　　(社会福祉法人京都社会事業財団京都桂病院 TQM センター)

中山さん　さようなら

井戸田　侃

　中山さん、長い間ありがとうございました。

　思い起こせば、中山さんとわたくしとは半世紀以上の長いつき合いであったと思います。わたくしが、立命館に助手として勤めたのは1955年でありましたが、わたくしも間もなく刑法学会に入会し、また滝川先生の主催されていた研究会にもでることになり、中山さんと知り合うことになりました。

　当時、中山さんは特別研究生であり、その後京都大学助手であったと思いますが、それから中山さんとわたくしとは相前後して(講師)、助教授、教授になりました。中山さんは京都大学、わたくしは立命館大学に籍がありました。地理的にも両大学が近く、当時、京都大学と立命館大学は、佐伯先生、平場先生、宮内先生の関係もあり、年令も一年半しか違っておりませんので、公私ともに親しくつき合っていただきました。

　中山さんは、われわれ刑事法研究者仲間の当時の若手の中では、年令も一番上であったし、勉強を趣味とするような真面目な信頼される人柄であったこともあって、われわれ若手の代表者としてつき合っていたように思っております。

　結婚は、中山さんの方がだいぶん早く梨木神社で結婚式を挙げられた写真があります。酒の飲めない中山さんを佐伯先生のよく

行かれた四条のバーに無理やり連れて行ったこと、飼い犬を夫婦で中山さんの自宅までもらいに行ったこと、双方の夫婦揃って箱根に旅行したこと等々あげれば切りがありませんが、本当に長らくの間公私ともに先輩としての中山さんには大変お世話になりました。

中山さんは、刑法はもちろんのこと、その周辺の学問についても幅広く取り組んでおられ、語学とりわけロシア語、英語にも長じておられました。もともと社会主義法専攻ということもあって、ソ連など社会主義国にもたびたび出張され、社会主義諸国の知見も広く、その上、頭のまわりがはやいので執筆能力は到底わたくしなどとは比べものにはなりません。その結果中山さんは、わたくしなど片手でもてるくらいしかないのに、積めば自分の背の高さ位の著書をこれまで書いておられるのは、驚異です。それによって本当にいろいろ教えていただきました。感謝の他ありません。

参加された研究会も、わたくしの知っている限りでも、刑法読書会をはじめ、刑事判例研究会、刑事法学のうごき研究会、大阪刑事訴訟法研究会その他数多く、その研究会には亡くなる直前まで、毎回、必ず出席され、発言されるなど、研究者・教育者の鑑というべきであろうと思われます。彼の影響をうけた研究者・実務家も少なくありません。

刑法読書会、泉ハウスをめぐってもいろいろな思い出があるけれども、それについては、「犯罪と刑罰」誌22号に書くことになっているのでそこに譲ります。

中山さんは、さきに奥さんを失いました。それは中山さんにとっては非常なショックであったのだと思います。「いい食堂があ

るので、大津のマンションに引っ越した」と言っていたように思われるが、われわれのような年令の者は、家事に疎いものだから奥さんをなくしたことは彼の死期を早めたのでしょう。奥さんを追うように彼も失うことになりました。

　非常に残念です。心より中山さんのご冥福をお祈りいたします。
　　　　　　　　　　　　　　　　　　　　　　　　以　上
　　　　　　　　　　　　　　　　　（立命館大学名誉教授、弁護士）

中山研一先生の想い出

今 井 敬 彌

　2008年5月10日、六尺会（宮内会）が幸子夫人と長女花村早苗様の臨席を仰いで、京都ガーデンパレスで開催された。23名の出席で盛況であった。久し振りにお会いする中山先生は、宮内先生がご存命ならば89歳の筈であまりにも早い死が学界から惜しまれると淡々と述べ、乾盃の音頭をとられ、お元気であった。2年後の2010年10月9日、六尺会が同じホテルで開かれた。又、幸子夫人にも中山先生にもお会いすることを楽しみに参加すると、先生は体調を崩したらしく欠席ということで残念だった。しかし、本年春に送付された「有信会誌」53号では、先生が瀧川ゼミの会（6回目）を2010年12月5日、旧瀧川先生宅（山科区日ノ岡ホッパラ町）で行うという夢が実現したとの報告と先生をはじめ参加者の元気な集合写真が添えられていたので安心していた。

　手元に事件記録がないので明確ではないが、今から20年から30年前のことである。国政選挙になると、よく、革新系候補の選対事務所から、運動員が戸別訪問違反で警察に捕まったので弁護をお願いしたいという依頼があった。多分、79年10月あるいは80年6月の総選挙でなかったかと思う。投票日の翌日から逮捕・勾留が始まるのである。公職選挙法138条の戸別訪問禁止

規定は、戦前の天皇大権下の規定をそのまま受け継いできている。選挙は、買収や饗応でなく候補者が政策をきそい合って投票を求める機会と自由こそ与えらなければならず、憲法21条の言論の自由保障に明白に違反すると私は思う。しかし、最高裁大法廷は1950年9月27日公選法138条の合憲判決を打ち出している。にも拘わらず東京地裁は、1967年3月23日買収等の危険が明白かつ現在の危険であれば合憲、そうでない場合は違憲という制限的違憲説にたって無罪とした。更に妙寺簡易裁判所（安部判事）では翌68年3月12日公選法138条の規定は憲法21条1項に違反し無効という違憲判決が出された。学界は、おおむね違憲判決に好意的だった。

　その頃、先生は判例時報に公選法138条について違憲性を含めて緻密に分析した論文を連載されていた。ちょうど、公選法違反の公判が進行し、弁護側が反証の時期を迎えている。その頃開かれた六尺会出席のため京都にとび、先生に戸別訪問違憲に関する証人出廷をお願いした。先生は気持ちよく引き受けて下さった。

　証人尋問は新潟地裁で行われ、先生は連載中の論文にそって公選法138条の違憲性を中心に静かにしかし力強く述べて頂いた。立会検事はあまり反対尋問をしなかったと思うが、単独部の少壮のI裁判官は興味をもったらしく、いくつかの論点について先生に質問していた。先生の証人尋問の終了で結審となり判決言渡日が指定されるが、その時、I裁判官は奇妙な事を言った。「判決日は、報道機関も多数来ると思うので、1号法廷を使います」というのである。見方によっては一番大きい法廷なので、無罪判決がありますよとも受け取れる。しかし楽観してはならないと弁護団被告人とも自重することにした。

先生には折角の機会なので、佐渡に案内しましょうと提案したが、学界や書き物があるので辞退され、当日京都へ帰られた。

　判決言渡日、我々は無罪判決の期待をこめて法廷に臨んだが、結果は平凡な有罪判決であった。それは中山証言については殆んど触れるところがなかった。先生には誠に申し訳なく、判決文のコピーを送って謝罪した。他方、I判事は2、3年前から東京高裁部総括に就任し、時々、国民の立場に立っているのかなと思わせる判決が新聞で報じられている。

　温厚で親しみのある先生は今はいない。偲ぶ会と寄稿を知ったのは、司法研修所11期生有志の青法協麦の会の11月4日名古屋集会であった。天国の先生にはお叱りを受けるかもしれないが、粗文を御霊に捧げご永眠を祈念する次第である。

弁護士（東京弁護士会）

わが師、わが想い——

上 田 　 寛

　偶然研究室にお邪魔する機会があった1967年以来、京都大学法学部の学生、大学院生、助手、そして立命館大学の教員、と様々に僕の立場は変わったが、しかし中山先生は変わることなくわが師であり続けている——お亡くなりになった現在も。

　1970年4月、僕は法学研究科へ進学した。大学院のスクーリングは、もちろん平場先生の「刑法」を須之内、立石、山中といった同期の院生達と一緒に受講したが、中山先生の「ソビエト法」は、受講生が僕だけだったことでもあり、一方的な授業よりもこれを読んで翻訳しようという中山先生の提案で、チヒクヴァーゼ編の『カール・マルクス　国家と法』をとりあげ、交互に1章ずつを翻訳して報告・議論した。これは結局翌1971年に成文堂から公刊された。この作業は、もちろん修士課程1回生の僕には大変な力仕事だったのだろうが、今となっては楽しい思い出ばかりが残っている。翻訳についての打合せが終わると百万遍の喫茶店"ランブル"でお昼ごはんをおごっていただき、作業の遅れが目立つと、お互いに都合のよい休日などに先生の研究室で作業をした——奥さんが作ってくれたお弁当は僕の分もあり、先生は鞄から小さなラジオを取り出してFM放送に周波数を合わされ

た。音楽を聴きながらだと仕事がはかどる、とおっしゃって。この翻訳書は、「やはり大学院修士課程学生を共訳者にすることは……」と、タイトルに僕の名前は出なかったが、「はしがき」にはちゃんと書いていただいたし、翻訳料の半分をいただいてキャノンの一眼レフを買ったことで、僕は十分に満足していた。

修士論文のテーマとしてロシア共和国22年刑法典を採り上げ、1917年の革命により誕生したソビエト・ロシアが急激な法の廃絶という幻想から覚めて新しい刑法典の制定に至る過程を「法典化」に視点をすえて検討することとしたのだが、先生はそのような課題設定にも重点の置き方にも、あまり賛成ではなかった。もっと新しい時期の、実証的なテーマを採り上げるべきだと考えておられたようだったが、僕の熱中にあえて異を唱えることはされなかった。途中で何度か進捗状況を報告・説明し、最終的にはM2の終わりに近い冬休みに入る前に修士論文の草稿をお預けした。翌72年正月にお年始に伺った際に、細かく用語法に至るまで、随所に鉛筆で訂正とコメントが入った草稿を返していただいたが、重要な問題点の指摘は無く、ほっとしたことだった。

72年の春、僕は博士課程へと進んだのだが、その頃の一瞬の平穏さを懐かしく思い出す。修士論文をもとに法学論叢に公表するための論文の準備を進める一方で、成文堂から二冊目の翻訳書として出す『Ф. エンゲルス 国家と法』に取り掛かり、また中村浩爾さんの後を引き受けて法学研究科の院生協議会の議長になり、新しい助手制度の構想について検討を始めた。法経館4階の院生共同研究室では、常連の山岸さん、李さん、須之内君等と机を並べ、勉強に談笑に、毎日多くの時間をそこで過ごした。

この頃が、僕の京大時代でもっとも落ち着いた、平和で稔り豊

かな時期だった。悲しむべきは、それがあまりに短かったということだ。

具体的に何時からだったのか、きちんとした記録が手許にないのだが、73年度が焦点であったことは間違いない——いわゆる「中山問題」が先生の京大法学部での教員生活に大きな障害物を持ちこみ、結果的にそれを中断するのやむなきに至らしめたのだ。もう多くの人々の記憶も薄れたかもしれないが、今から振り返ってみて、その後に起きた多くの変化の、そして末梢的には僕の運命にも、多くの変化をもたらしたものの、これが起点だったという思いを強くする。

事の端緒は、その前年の総選挙に際して社会党京都府連から京大教職員組合に申し入れのあった「協力・共同のお願い」（推薦依頼状）にあった。当時の社会党京都府連委員長は坪野米男弁護士で、その坪野弁護士の事務所が69年の教養部封鎖の際に湯山助手などに対する監禁傷害を行なった全共闘学生の弁護を受任していたという背景事情があった。湯山助手は積極的な組合員であり、当然、組合は厳しく全共闘に属する学生達を批判していた。そこへ舞い込んだ「協力・共同のお願い」文書に坪野米男弁護士の名前を見つけた組合員たちが、「この際、大学の自治を破壊し、組合員に暴力をふるった学生達の弁護を止めるつもりはないか」との文書を坪野事務所に送りつけたのだ。文書は京大教職組委員長・中山研一の名義となっていた。

弁護団からこの話を聞きつけた（焚きつけられた？）京大全共闘——その力は一時期ほどではなかったが、決して侮れなかった——が、「刑法学者中山研一による弁護権否定」事件を騒ぎ立て、先生への個人攻撃のビラとアジテーション、そして講義妨害、ボ

ール紙の三角帽をかぶせての引き回しにまで進んだ。もちろん、同学会(京大全学自治会)も法学部自治会も院生協議会も、僕個人も、そのような策動を阻止しようと手をつくしたのだが、力が及ばなかった。大体、大学内でむき出しの暴力を前面に、わがもの顔に狼藉をつくす学生集団など、どうやって押し止めることができるだろうか。自治会名で非難声明を出し、自治委員会・学生大会で決議を上げることはできても。情けなかったのは法学部教授会の対応だった。これは組合と全共闘との争いでもなければ、弁護権一般について中山先生がお考えを表明するかどうかの問題でもない。単純で明確なことなのだ。同僚である教員の講義が暴力的に妨害され、受講を希望する法学部学生の権利が奪われている時に、一体何を―― あまり具体的に書くことはしたくないが。

　法経4番教室で授業が始まり、しばらくすると調子を取ったピッピッという笛の音が聞こえ、ヘルメット・角材(ゲバ棒)の集団がなだれ込み、先生からマイクを奪い、アジ演説を始め、抗議する学生には殴りかかるということが繰り返され、結局、この年の刑法各論は途中閉講となってしまった。

　このような経過を通じて僕の知った中山先生の一面は、その柔らかな外貌とはおよそ違った芯の強さ、男らしさだ。

　かなり後になって先生からうかがった事実でも裏付けられたのだが、先生はそのような質問状の送付には反対で、必ず問題となるとして取りやめるよう主張された。だが、当時の多くの組合員にしてみれば仲間の湯山助手への蛮行に対する憤りが強く、当事者・被害者としての報復的な思いもあって、結果的にあのようなことになったのだ。

だが、先生はご自身への攻撃が続く中でも、そのような内部事情については一切口にされなかった。暴力学生に謝罪しろとマイクを突き付けられても、黙って相手を見つめ、毅然とした姿勢を崩されなかった。同様に、組合に対しても、教授会に対してさえも、批判的なことは何もおっしゃらなかった。ただ黙って耐えておいでだった。そんなことに惑わされるよりは、と旺盛な研究活動を続け――刑法改正問題がヤマ場に差しかかった時期だった――、院生の研究活動を指導し、テープ授業のために工夫されたレジュメを作られていた。

　こう書きながらも、僕にはこみ上げてくるものがある。あの当時、教授会の席上で、通勤の阪急電車の中で、あるいは書斎の机に向かわれて、ひとり先生は何を想われていたのだろうか、と。

（立命館大学教授）

中山研一先生と私
―社会主義刑法研究を通して―

上 野 達 彦

　中山研一先生が2011年7月31日に逝去されたことを上田寛教授からの電話で知りました。いつかはその日が来ると思いつつも、できるだけ遅くと願っていました私にとって、辛く悲しい出来事でした。中山研一先生と私は、いわゆる直接の師弟関係ではありませんが、お会いしたり、ご著書や論文を通して、学恩を受けてきました。とりわけ先生の初期論文群の中心は、ソビエト刑法研究であり、社会主義刑法研究でありました。それらの研究は当時まだ未開の分野であり、私にとって先生は開拓者でありました。次々と発表される業績は、私に大きな衝撃と示唆を与えてくれました。1950年代から70年代にかけての先生の研究者としての姿勢は、まさにその超人的な仕事ぶりに圧倒されるものでした。このような先生の研究者としての真摯な姿勢は私の研究生活のその後を決定づけたといっても、過言ではありません。とくに私は、先生が1966年6月に刊行された『ソビエト法概論―刑法』（有信堂刊）について格別の思いがあります。本書が刊行された年は、私たちの世代が大学生となった時期であり、それぞれが生き方や目指すべき社会のあり方などを熱心に議論した時期でもありました。それは、今から思えば、社会のなかに息苦しさと改革

とが混じりあい、誰もが青年期特有の雰囲気をもった時期でもありました。そうしたなかで、『ソビエト法概論―刑法』は、私の胸中に飛び込み、本書を何度も読み返しました。いまこの本がボロボロになった箱のなかで、色あせた姿を見せています。

先生は、のちにこの時期を回顧されて、「私の社会主義刑法研究」(『京都大学法学部百周年記念論文集』第2巻)のなかで、次のように述べておられます。「私の刑法研究は、ソビエト刑法の研究から始まったが、その理由は二つあったように思われる」と。一つは、未開の分野であったソビエト刑法学を紹介し、検討を加えるという「開拓者」の立場でした。二つは、資本主義刑法学との対決を迫る批判の学として構築できないかという建設的な「批判者」の立場でした。この二つの立場について、「開拓者」の役割は一定程度果たし得たが、資本主義刑法学の「批判者」の立場とは成りえなかったと総括されておられます。しかし、先生が遺されたソビエト刑法や社会主義刑法研究の成果は、ソビエト社会の経験をもったロシアが今後どのような制度を設計し、自らの歴史をどのように生かしていくかだけにとどまらず、将来の日本刑法学にも影響を与えると思います。そのためにも、私は先生の業績を大切にしつつ、次への世代に引き継ぎたいと考えています。

最後に、毎年一度か二度、私は上田寛教授とともに、大津市鏡が浜のマンションに中山先生を訪ねていました。昨年の2月13日(土)だったと思いますが、やはり二人でお訪ねしました。先生は、いつものようににこやかにこの訪問者を迎え入れていただき、暫し近況報告をさせていただきました。その後、三人でマンション周辺を逍遥し、近くにある大津館に入り、休息しました。ここまでは予定通りの行動でした。しかし、別れ際に中山先生か

ら二人に握手を求められました。そして、こう言われました。「また来てください。そうだな一年に一度は会いたいね」という言葉を添えて、信号機のある道を歩いて行かれました。私にとって、まさに握手は想定外、すぐには言葉がでませんでした。いまとなっては、これが私が先生とお会いした最後でした。もう先生にお会いできないことは寂しく、悲しいことですが、先生の遺志をそれぞれが引き継いでいかなければならないことをいま確信しています。私は、まさに先生の後塵を拝することを実践したいと願っています。

(三重大学名誉教授)

思いに残る一言

宇 田 憲 司

　中山研一先生に初めてお目にかかったのは、平成8年11月18日のことである。私は平成5年6月1日から京都府保険医協会（協会と略す）という医師団体の紛争処理部（現医療安全対策部）の担当理事をしており、当時はなお2期目の就任途上にあった。紛争処理部担当医師・事務員のためには、年1回の「法曹界との学習会」と銘打つ勉強会がもたれ、協会の顧問弁護士の莇　立明氏が友人とのことから中山先生にお願いすることになった。その日の講演内容は、先生のライフワークとも言うべき「刑法から見た生と死」に関わるテーマで、「講演Ⅰ：安楽死と尊厳死」、「講演Ⅱ：脳死と臓器移植」であった。協会の機関誌をみると、京都保険医新聞第2060号（平成9年4月14日）4頁に「安楽死と尊厳死問題について　中山研一氏（北陸大学刑法学教授）のセミナーに参加して」と題する、講演Ⅰを中心にした会員向け報告記事（筆者記述）が残されている。紙面の内容は割愛するが、安楽死と尊厳死の問題については、氏の編著書『資料に見る尊厳死問題』（石原明氏と共編著、1993年、日本評論社）が、脳死と臓器移植問題については、同種の資料『資料に見る脳死・臓器移植問題』（1992年、日本評論社）に加え、『脳死論議のまとめ　慎重論の立場から』が推奨されている。

このテーマがこの年の勉強会に選ばれたのは、平成7年に国保京北病院に入院していた48歳男性が胃癌で既に肝臓転移もして瀕死の重症であったのを憐れみ、外科医で院長であった担当のY医師が准看護師に筋弛緩剤を点滴追加するよう指示して加注後に死亡したが、1年後そのことが発覚し、問題のアンプルも残されていた。この事件は、平成8年6月に約1月間に渡り大きく新聞報道され、院長も記者会見で、安楽死については国民的課題であって広く議論を要する問題であるとの内容の発言をしたが、その際口走った「安楽死」という言葉が独り歩きして、警察も捜査のうえ書類送検するまでに至ったが、死亡との因果関係が問えないとのことで起訴猶予となった。後日、個人的にお目にかかった時は、「あの時は、報道陣に載せられたのか、熱に浮かされていたのか、気をつけないと……」との反省の発言であった。従って、当時は協会の一部門として、この事件をどのように公正に評価したうえ、関連する問題についてもどう会員に報知するのがよいか苦慮していた時期であり、このテーマが採用され、演者としてお招きした次第である。講演では、直接この事件を取り上げられることはなく、上記に関わる基礎的な内容であったが、終末期の日常臨床は現場の医師として悩みの多い問題であることをお伝えして議論となった。私も、「死に、手を加えず生物としての寿命を全うする自然死（病死を含む）とそれ以外のものとを考えるなら、安楽死にも安楽自然死、安楽自殺、安楽殺人（嘱託・非嘱託）、安楽事故死などの分類が可能ではないのか？」と質問した。もはや何とお答えいただいたか失念してしまい、記録せず惜しいことをしたと思うが、その際、「あなたは、なかなか理論的だ」と積極的に評価して下さり、素直に喜び、会員向けなどでも少々理屈ぽ

い文章をも報知できるよう、意を強くしたものである。思えば、後輩の学位論文の査読や指導にも、また別の委員会の仲間の論説文にも、これまで細部にわたり厳しい注文をつけてきたが、他人に厳しく自分に甘い傾向があったと反省させられもする。まあ、先生には、学問領域のみならず人生の後輩に対して、心優しくも「非法律家の割には」との語句を隠した、いわばお世辞・励ましの類であったろうが、わが脳の情緒的部分は誉められたと解しており、それ故余計に懐かしくも思い出される。

　この事件についてはその後も波紋が広がり、京都府医師会の医事紛争問題講演会（平成9年2月8日）でも取り上げられ「安楽死と尊厳死（福井有公教授講演）」（京都医報第1550号、平成9年4月11日、10～13頁、筆者記述）の記録がある。

　医師として法律家・法学者の方々とのお付き合いの中では、法律・法学問題についてはどちらかといえば厳しいご批判の言葉をより多くお聞きしたように思う。例えば、錯誤があった場合、診療契約は無効になるのではないか？などと口はばったいことをある学会で質問・発言したところ、今は亡きB先生には、それはあなたの言葉ですね？！　とへこまされ、先行学説を調査して依拠したうえ更に現場の状況を顧みてどう適用できるかなどもっと考察してから意見を構築すべきだった、と悟らされたことがあったり、医療過誤訴訟における帰責限度論のつもりで提出した修士論文審査でも、過失論しか書けぬまま期限に追われて提出したため、帰責と限度と帰責・限度の関係との3つのテーマを一つずつする必要があり、題の変更ですなと批判されたり、発見した先行判断基準が何かについての意識がなくそれに答えられなかったり、等など声が大きいだけでは学問的にはなかなか乗り越え難い

ことも多いと悟らされたものである。そう思って振り返ってみると、法律家・法学者との付き合いの中では、誉めて下さったのは唯一あの時中山研一先生だけであったのかなという気もしてくる。ありがとうございました。合掌。(平成23年10月21日記)

(宇田医院、整形外科)

中山刑法学と刑罰論

内 田 博 文

　刑法総論の教科書が刑罰論に紙幅を割かなくなってから久しいといわれている。確かに、2006年3月に刊行された西田典之『法律学講座双書　刑法総論』（弘文堂）の場合、総頁404頁のうち刑罰論に割かれているのは5.2％の21頁にすぎない。扱われる項目も「刑罰の目的」と「刑法の適用範囲」に限られている。これに対し、1972年6月に刊行された団藤重光『刑法綱要総論（増補）』（創文社）の場合、総頁499頁のうち、25.8％の129頁が刑罰論に割かれている。扱われる項目も「刑罰制度」、「観念的刑罰法律関係（刑の適用）」、「現実的刑罰法律関係（刑の執行等）」、「少年に関する特則」、「保安処分」と多岐にわたっている。中山総論の場合は如何であろうか。1982年10月に刊行された『刑法総論（初版）』（成文堂）の場合、総頁597頁のうち、刑罰論に割かれているのは9.0％の54頁である。団藤総論に比べて分量は減っているものの、西田総論のほぼ倍である。扱われる項目も団藤総論に近い。ただ、枚数が限られているためか、各章の記述はスリム化されている。その中で特筆されるのは「第五章　保安処分」で、当時の状況を踏まえて、改正刑法草案の保安処分規定が取り上げられ、次のようにコメントされている。

　「草案の立脚するA案は、治療的色彩をもりこんでいるが、そ

の背後には常に保安上の必要が優先的に意識されており、そのことは、重大犯罪を犯すおそれのある危険な精神障害者を法務省系統の保安施設に収容して、重い場合は終身の収容を可能とし、刑と処分の関係についても刑罰の先執行の原則を貫徹するという点にあらわれている。」「草案がB案を否定してA案を採択したことから、その保安目的優位の性質が浮かび上がったのであるが、それは草案全体を通ずる保安主義的方向に対応し、これを反映するものとして位置づけることができるように思われる。」「草案規定のこの特色は、最近の刑事局案の骨子に集約的な形で表現されるにいたったといってよい。そこでは、一定の重大な犯罪を犯し、さらにこれを犯すおそれのある、とくに危険な精神障害者で、心神喪失のために罪とならない者に対する措置が中心的に考慮されている。……限定責任能力の場合には、ともかくも刑が科せられ、累犯加重も可能であり、常習累犯については、草案は別途「不定期刑」の制度を提案しているのである。」

「一方、B案の治療主義は、いわば保護処分による刑の代替を精神障害者の場合にも妥当させようとするものであって、精神医療による治療効果の促進が常に念頭におかれているといってよい。したがって、責任無能力者の場合には原則として精神病院における治療が予定されているのであり、措置入院制度の改善という形でこれと結合しうる。むしろ問題は、限定責任能力者の場合であって、ここでは、常習累犯をも含む形で、いわば刑罰の領域をも部分的にとりこんだ「社会治療処分」が構想されているのである。したがって、保安処分の射程としては、むしろB案の方が広いのであって、これを「治療」的性格と効果の観点からどの程度許容しうるのかという点が、あらためて問われなければならない。」

「保安主義」対「治療主義」という図式に基づいて、A案を強く批判する他方で、「B案に対する評価は、より複雑である。消極的責任主義からする刑罰の謙抑という側面は、積極的に評価されてよいであろうが、それが、積極的保安処分主義の傾向をもつ点については、なお、慎重に、批判的な観点を留保する必要があるように思われる。「刑」事政策は、福祉政策や社会政策と比べて、なお一般的に謙抑でなければならないと思われるからである。」と警戒されている。このような認識は当時の刑法学会会員の多くにおいても共有され、会員が改正刑法草案の立法化反対で足並みを揃える理由の柱となっていった。この「統一戦線」で大きな役割を果たしたところに中山刑法学の歴史的意義の一つが存したようにみうけられる。

しかし、この「統一戦線」も今や今昔の感がある。保安主義的な保安処分に賛成する者さえも増加する傾向にあるからである。医療観察法についても賛否は大きく分かれている。日弁連も執行部は「医療法として純化させた」という自負の下に賛成に転じている。それだけではない。何よりも重要なのは精神科医療自体に大きな変化が生じている点である。国連では「障害」概念にパラダイムの転換を迫る障害者権利条約が採択された。イタリアでは精神病院の廃止に踏み切ったとされる。社会防衛のための精神科医療から当事者のための精神科医療へと世界は大きく舵を切りだした。このような変化に日本の刑法学はどう対応すべきであろうか。責任能力概念も問題となる。

中山先生のお教えを請いたいところであるが、今や不可能となってしまった。感謝をこめて、ご冥福をお祈りする次第である。

(神戸学院大学教授)

中山先生の思い出

岡 部 雅 人

　私は、平成19年10月に、姫路獨協大学法学部に専任講師として着任させていただいたのを機に、毎月、立命館大学において行われている刑法読書会と、同志社大学において行われている刑事判例研究会に参加させていただくようになった。姫路獨協大学に着任する前、早稲田大学の院生であった時には、中山先生からは、ご著書などを通して、間接的に学ばせていただくのみであったが、それらの各研究会において、中山先生から、直接のご教示を賜る幸いに恵まれることができた。研究会に参加して、初めて中山先生にご挨拶をさせていただいた際に、私の肩に手を触れながら、「姫路獨協か、それじゃあ、がんばらないとね」と、暖かい励ましのお言葉をかけていただいた時の感激は、その温かい手の感触と共に、今でも鮮明に覚えている。

　中山先生は、「定刻主義者」を自称されていた通り、各研究会に、遅刻をされることもなく、ほぼ皆出席をされていた。中山先生は、若い研究者たちと同じように、むしろそれ以上に積極的に、議論に参加されるのみならず、ご報告をも引き受けられていた。研究会でご一緒させていただくようになるまでは、ご著書などを通してしか学ぶことのできなかった大先生の、議論のみならず、ご報告までをも、こうして直接拝聴できる機会に恵まれたこ

とは、私にとって、大きな財産となった。とりわけ、おそらくこれが中山先生の最後の研究会でのご報告であったと思うのだが、平成23年3月26日の刑事判例研究会において、福岡高判平成21年5月15日判夕1323号65頁についてのご報告を拝聴することができたことは、最大の幸運であった。

　そのような中山先生のお姿を、徐々に研究会でお見かけする機会が減っていき、また、それまで積極的に更新されていたブログの更新も、だんだんと滞るようになっていった。中山先生のご体調がよろしくなかったことは存じ上げていたので、ずっと心配をしていたところ、平成23年7月31日の夜に、刑法読書会事務局からのメールで、中山先生の訃報に接して、大きな衝撃を受けた。最後のご挨拶を、と思い、8月4日の告別式にも列席させていただいたのだが、式の最中にあってもなお、中山先生がもうこの世にはいらっしゃらないのだということを、なかなか実感することはできなかった。しかし、最後のお別れの際に、目の前に横たわっておられる中山先生のお姿を見て、もう中山先生とお話しすることはできないのだ、ということを理解したのであった。

　中山先生のご長男である乾一郎様による出棺前のご挨拶の中で、中山先生が、入院中に、「こんなに研究をしなかったのは初めてだ」ということを仰っておられたというお話があったが、それは、中山先生が、本当に生涯研究者であられたのだな、ということを強く感じさせるエピソードであった。それと同時に、健康体であるにもかかわらず、日々の雑務などを言い訳にして、研究の滞りがちであった自分のことを、大いに恥じたものである。

　各研究会に参加するたびに、なんとなく今でもなお、中山先生が時間通りに現れるような気がしてならない。また、『概説刑法

Ⅱ』の改訂や、判例時報紙上において進めておられた、危険運転致死傷罪についてのさらなる研究なども、是非とも実現していただきたかった。しかし、今となっては、それももう叶わないことが大変惜しまれる。

　目標とするには余りに偉大すぎて、そうすること自体、あまりに厚かましいことであるようにも思われるが、直接・間接に中山先生から受けてきたご学恩に報いていくためにも、曲がりなりにも研究者の末席を汚させていただいている者の1人として、日々、研究の道を歩み続けていくことを、ここに、中山先生にお約束させていただきたいと思う。

　中山先生、ありがとうございました。中山先生のご冥福を、心よりお祈り申し上げます。

（姫路獨協大学准教授）

追憶――中山研一先生

甲 斐 克 則

　中山研一先生にはじめてお会いしたのは、1977年11月に第53回日本刑法学会が熊本市で開催されたときである。恩師の井上祐司先生と中山先生が親しかったこともあり、井上先生から中山先生を紹介していただいた。予想以上に気さくであることに驚いた。それ以後、中山先生には30年以上にわたり、関西在住の研究者でもないのに何かと気にかけていただいた。膨大な著書も、長年にわたり大半を送っていただいた。研究にかける先生の情熱は、後世に長く語り継がれることであろう。そこで、いくつかのエピソードを紹介しつつ、中山先生の在りし日を追憶したい。

　第1は、1984年10月29日に大阪市立大学で行われた法益論の研究会である。私が海上保安大学校専任講師となったばかりの年、中山先生の大学院の授業も兼ねて、法益論について報告を依頼され、大阪市大法学部を訪問した。当時、中山先生は、法学部長をしておられ、広い学部長室に通された。そこで見たものは、床にずらりと並んだ著書の校正であった。激務の中でも著作活動を続けられる姿勢に衝撃的な感銘を受けたのを思い出す。研究会では、「法益論の基本的視座」と題する私の報告（後に伊藤寧先生退職記念論集『海事法の諸問題』（中央法規出版）所収））後、中山先生、浅田和茂教授（当時大阪市大法学部助教授）、松宮孝明教授

(当時京都大学大学院生)、川口浩一教授(当時大阪市大大学院生)らと、クヌート・アメルンク教授の法益論等の検討も含めて真摯で有益な議論をしたことは、今でも鮮明に脳裏に刻み込まれている。大学を超えて学問を探究される姿勢には、関西刑法読書会や日本刑法学会関西部会で何度も接する機会があったが、若輩者が報告する小さな研究会でも全力で参加されるところに凄さを感じた次第である。

　第2は、『新版　医療事故の刑事判例』(成文堂)を中山先生と編集することになり、2008年2月28日に打合せを東京で行うことになったときのことである。成文堂の土子三男取締役がKKRホテル東京でセッティングをして下さり、夕食を共にしながら編集担当の成文堂の篠崎雄彦氏を含め4名でじっくりと編集方針を話し合った。本書の旧版が絶版となって久しかったことから、本書が新たな内容で復活することを中山先生はことのほか喜んでおられた。私自身、医事刑法の研究を長年やってきたので、何とか『医療事故の刑事判例』を復活させたいと数年前に先生にご相談していた次第だが、喜んでいただいて何よりであった。その日は、先生の「定刻主義」の基になった清水高等商船時代や刑法学を志した京都大学時代の若い頃のお話も沢山伺うことができ、大いに盛り上がったのを思い出す。会合が終わったとき、娘さんがロビーに来られていた。娘さんと一緒にお孫さんのことを楽しく話されるお姿を見て、家族も大切にされる先生であることも実感した。その後、難産の末、中山研一・甲斐克則編著『新版　医療事故の刑事判例』が、2010年8月にようやく成文堂から刊行できた。先生は、ことのほか喜んでおられ、感謝のメールがすぐに届いた。僅かながら学恩に報いることができたのは、大きな喜び

であった。

　第3は、2010年10月30日に大阪大学中之島ホールで開催された「医療と法　関西フォーラム」主催の死因救命制度に関するシンポジウムに招かれて報告をした際、体調があまりよくなかったにもかかわらず、先生はこのフォーラムの代表という責任感からか、出席していただいたことが挙げられる。世話役の田中圭二教授（弁護士）は、浅田和茂教授共々、中山先生の体調を随分と心配されていたが、先生のお姿を見て安堵しておられたのを思い出す。先生は、私を見て、「君がはるばる東京から来ているのに、私が出席しないわけにはいかないよ」と笑顔で話しかけてこられた。「何と責任感が強いのだろうか」とつくづく思った次第である。

　第4は、2011年1月30日の日本刑法学会関西部会で昼食時にお話をしたことである。京都駅の地下街の食堂で、伊東研祐教授と座っていたところ、隣りに中山先生と斉藤豊治教授が来られ、共に最新の研究の動向について語らいながら昼食を取った。体調はすぐれないようであったが、刑法学の動向を正確に見極めるためであろうか、学会に足を運ばれた熱意は、最後まで変わらなかった。そこでお会いしたのが最後であった。

　以上の4つのエピソードは、ほんの一端にすぎないが、鮮明に脳裏に刻み込まれている。関西在住の研究者でもない私が30年以上にわたり中山先生と親交を結び続けることができたのは、本当にありがたいことであった。2010年11月14日には、師匠の井上祐司先生が逝去され、2011年1月11日には医事法で薫陶を受けた唄孝一先生が逝去され、そして2011年7月31日には、中山研一先生が逝去された。私にしてみれば、自己の学問の礎を築

くにあたり大きな影響を受けた3人の先生を1年間に相次いで亡くしたことになる。いずれも学問に生涯を捧げられた恩師の方々である。学問の達人であられた中山先生のご冥福を心よりお祈り申し上げる。

（早稲田大学教授）

中山研一先生から学んだもの

加藤克佳

　中山研一先生のご訃報に接し、私のように、先生の研究室の門下生や学部での受講生でなく、直接ご指導を仰ぐ機会の少なかった者も、深く大きな悲しみに包まれた。言葉で言い表すことなどできないほどである。先生は、もとより、日本の刑法学界の巨星であり続けたが、その主な拠点は関西であった。しかし、早稲田大学の法職課程教室（当時）での集中講義など、関東でも講義等の機会を持たれた。『口述刑法総論』（成文堂、1978年）はそこから生まれたのであり、『口述刑法各論』（同、1975年）とともに、先生の講義を直接拝聴・受講しているような鮮烈な感動・印象を読者に与えた。また、先生は、これらと同様に、多くの著書を東京の成文堂から公刊された。その意味で、先生は、関東で修行時代を送った者にとっても、高名であると同時に親近感のある偉大な刑法学者であられたのである。

　中山先生の謦咳に接する幸運に恵まれたのは、何といっても、「刑法読書会」をはじめとする関西（特に京都）での研究会においてである。名古屋の大学に奉職してから、松宮孝明教授のお誘いを受け、刑法読書会に参加させていただくようになった。とはいえ、地理的な理由等から、関西の研究会には、遺憾ながら時折り参加させていただくにとどまったが、中山先生はいつもその中

心となり、ご専門の刑法学に関する報告はいうまでもないが、他分野にかかる報告にも率先して質問され、議論をリードしておられた。また、定刻より早く席に着かれるなど、「定刻主義」者の面目躍如ともいうべきお姿に接することができた。まさに「学問とはかくあるや」と強烈なお教えを受けたのであり、未だ定刻主義とはかけ離れた状況から脱することのできない未熟者には、永遠の、しかし到達・達成しなければならない目標・課題を、無言の内に示して下さったものと思う。

　刑法学会等の折にも、ご挨拶をさせていただくと、「勉強は進んでいますか？」と尋ねられるのが常であった。また、ブログを開始されてからは、これを拝読するのが大変に勉強となり、その感想を恐る恐る申し上げた折には、「今後も遠慮なく質問や意見を述べて下さい。」と言われ、とても感動したことを覚えている。裁判員制度等に関して私見が取り上げられたときには、大きな喜びを感ずるとともに、先生がここまで文献等に目を通しておられ、かつ、それを踏まえて更にご高見を提示しておられることを知って、本当に驚いたものである。ブログは、先生にとって、大いに「愉しみ」であったように拝察しているが、読者にとっては先生のお考えをご著書やご論文以外の方法で知るまたとない機会であり、ご研究の進展を知るうえでも大変有益であった。あるとき（実は今年になってからであるが）、先生が、「私は死ぬまでブログを続けるつもりです。」と言われ、返答に窮したことがある。あるいは、そのとき既に、先生ご自身が、忍び寄る最期を予期しておられたのかもしれないと忖度すると、適切な答えができなかったことに忸怩たる思いが残るばかりである。

　先生には、私の怠惰のため、拙稿や研究会報告について直接ご

指導をいただく機会は数少なかった。しかし、そのいずれもが、大変印象に残っている。最後となったのは、ドイツの判決合意制度に関する文献紹介と日本法への示唆に関する拙い報告であったが、先生は、これを正確に理解されたうえで、極めて鋭い指摘をして下さった。また、研究会後にも、「ドイツ法は、刑法学も刑事訴訟法学も、緻密に構築されています。一言でいえば、大変厳しいということです。賛否は別として、そこから学ぶことは多くあります。今後も地道な基礎研究を続けて下さい。」と、ご指導ご教示とともに激励をいただき、感激したことがつい昨日のことのように思い出される。先生は、人的な関係ではなく、学問や研究それ自体に注目しておられると改めて感じた次第である。

　他方で、先生は、研究と併せて、法学教育にも大いに熱意を注がれた。多数の教科書には、先生の教育的観点からの配慮や工夫が随所に示されている。法学初学者にも十分留意したきめ細かな気配りや心遣いは、先生が真に刑事法学に精通しておられることを如実に示したものであり、余人の追随を許さぬところであろう。中山先生は、まさに、「卓越した研究者は卓越した教育者でもある」を体現された方であると思う。

　最後に、重ねて、先生のご冥福を心からお祈り申し上げるとともに、その多大の学恩に尽きぬ感謝の意を表させていただきたい。中山研一先生、本当にありがとうございました。

（名城大学教授）

奇　瑞

門田(秋野)成人

　中山研一先生には刑法読書会において多くの御教示、御指導を賜りましたこと、もちろんでございますが、何よりも私が島根大学に赴任してから5、6度、社会主義法の集中講義に松江にお越しいただき、まだ研究者としても大学の教員としても手探り状態のなか勢いで乗り切るしかなかった私に、研究・教育のみならず私事にわたってさまざまな御示唆を賜り、大学人としてのあり様や生き方の指針を得られましたことに心より感謝申し上げております。

　中山先生より当時いただきましたお葉書などをなつかしく手に取りながら、いくつかエピソードを思い起こさせていただきます。

　4日間ほどの集中講義の間、中山先生に私の研究室を休憩にお使いいただき、食事をご一緒させていただきました。初めて中山先生をお迎えいたした際に、遠路お越しいただいたにもかかわらず、にこやかな笑顔でいろいろとお言葉をおかけいただきました。刑法読書会でつたない報告を幾度かさせていただいたにすぎない私は緊張しておりましたので、そのお気遣いが大変ありがたく思いました。大学の近辺にある蕎麦屋さんで昼食後、研究室に戻る道すがら、「罪刑法定主義が研究テーマなのですね。現在の

罪刑法定主義をめぐる議論状況についてどう思いますか。」と尋ねられ、ドキッとした覚えがあります。「罪刑法定主義が社会的機能の観点から分析される中で、人権保障原理として位置づけられることで、天秤の一方の皿に載せられる錘のように扱われることに疑問があり、国家刑罰権の形式的な制約原理として人権保障に果たすべき罪刑法定主義のあり方を研究したい」というようなことを答えさせていただいたのですが、うまく言葉にできず、それが研究テーマに対する問題意識の詰めの甘さにあることに気づき、自らの足元をしっかり照らして歩むことの大切さを認識した次第です。

中山先生を拙宅にお迎えして夕食をご一緒させていただいた折、宍道湖七珍について、「宍道湖も汽水湖として貴重ですが、家庭排水等で水の汚れが結構ひどいのです。地元の人は七珍を食べないようで……」などと散々なお話をしたのです。その翌日の午後、大学の組合で宍道湖でのはぜ釣り大会のお誘いがあって、中山先生も一緒に参加されました。釣ったはぜをその場で天ぷらにして食するという企画で、天ぷらを差し出された中山先生が昨晩の宍道湖の話を思い起こされて私の顔をご覧になったので、「知らなかった、こんな企画。しまったな」と思いつつ、小声で「ご無理なさらないでください」と申し上げましたが、ニコニコといくつか召し上がり、「おいしいじゃない」とおっしゃいました（私は1つ食べて十分でした）。

中山先生が年齢と同じ数の御著書を書かれ、「これが目標で、これからも1年1冊は必ず」とお話しくださった際に、これはとてつもない研究者の偉業だと思うとともに「奇瑞」の言葉のなかの「神通」のフレーズがふと浮かびましたので、佛教語大辞典に

あったその意味を抜粋してお手紙を送らせていただきました。しばらくして中山先生から佛教語大辞典の当該箇所のコピーを入手できないかとのご連絡いただきました。

中山先生にコピーを送らせていただいた、「奇瑞」の意味を挙げさせていただきます。

「奇瑞」
　古代インドでは、宗教的に高い境地に達した修行者は、しばしば超自然的能力を現したという。仏教では、これを六通・三明とよび、これらの能力は、禅定とよばれる精神統一の副作用として得られるものと考えられていた。また、神通は「信仰の厚い、立派な男によって、奮闘の持続によって、不抜の意力によって、人間の力によって、人間の精神・人間の努力・人間の忍耐によって得られるべきもの」と経典に説かれている。そういう心構えをもった者が、努力を重ねていくとき、その人間自身でも思いがけないほどの力を現わすことがある。

（中村元『佛教語大辞典』（東京書籍）より）

中山先生のお葉書の末尾には必ず「お元気でよい仕事をつづけてください」とお書き添えいただいております。このお言葉に沿いたく存じます。

（広島大学教授）

中山研一先生を偲ぶ

金 澤 文 雄

　今年2011年7月、中山研一先生から新著『佐伯・小野博士の「日本法理」の研究』（成文堂、2011年）を拝受し、それをまだ読み終らないうちに、すでに亡くなられたとのお知らせを受け、驚愕いたしました。

　中山先生は、刑事法学の第一人者であるばかりでなく、日本の法文化と社会全体の民主化と人道化を進めるための大きな貢献をなさいました。日本の良心ともいうべき人であられたと思います。

　先生は、刑事法分野だけでも40冊を越える優れた著書を遺されました。それらの著作に見られる特色のひとつは、他人の学説や反対意見をも実に正確に深く理解され、リベラルとヒューマンの視点から適切に評価されるということです。そのために多くの人が、先生を自分の真の理解者、いわば「知音の友」のように感じたのではないでしょうか。

　私自身もこのたびそれを改めて感じることがありました。今年、私は随筆風の短編を集めて「いのちの輝き　法と道徳」（考古堂書店、2011年）という本を出しました。するとすぐに「中山研一の刑法学ブログ」に「いのちの輝き」と題して紹介と感想を発表して下さいました。その中で、私について、「キリスト教徒

としての清廉潔白さと、人のいのちに対する限りない尊敬と温かい思いやりの精神を体現された人」などという、わが身に余るお言葉を頂きました。さらに、「同感を禁じえない指摘」として、日本人が責任とくに戦争責任の意識を失っていること、憲法9条を忘れず戦争の準備ではなく平和を確保し軍事力によらない国際貢献を果すべきこと、死刑は無益で残虐な野蛮行為であり廃止すべきこと、「日の丸、君が代」を教師（とくに宗教的・良心的拒否者）に強制することは人間の尊厳に反することなどの点を挙げて下さいました。

数年前に、ホセ・ヨンパルト著「死刑——どうして廃止すべきなのか」（聖母の騎士社、2008年）（著者病気のため私が校正と「あとがき」を担当しました。）を公刊した時にも、すぐに「法の理論27」（成文堂、2008年）に詳しい紹介とコメントを発表して下さいました。この2冊とも、中山先生のおかげで法学界に知られるようになったものです。

私は今の日本の情況は戦前に似ていると思います。中山先生のいわれるとおり、国家主義と治安維持への傾向が強まり、厳罰主義と裁判員制度によって一般市民が直接死刑判決を下し憲法判断までするという異常な状態が続いています。実に憂うべきことです。

これからの日本と世界が直面しているものは、2011年日本で起きたような大震災と原子力災害、地球温暖化、大規模疫病、世界的食料不足、世界的な貧富の格差などであり、そして最大の問題は核戦争による世界の破滅の危険です。これらに対処するために最も大切なことは、平和を確保し、世界的な協力関係を確立することです。

このような時に、私たちの最も頼りにしている中山先生を失ったことは痛恨の極みです。しかし、先生の指導を受けた多くの優れた研究者や社会の指導者の方々が必ずや先生の遺志を継ぎ、さらに発展させて下さると私は信じています。

中山先生には永年にわたり親しくお付き合いをさせていただきました。心からの感謝をこめてご冥福をお祈り申し上げます。

(広島大学名誉教授)

中山研一先生との出会いと別れ

金澤真理

　私がまだ大学院生だった時、初めて書いた論文の抜刷りに中山研一先生がお返事を下さった。それが、中山先生との最初の「出会い」である。勿論、学部時代からゼミ報告の準備のために、中山先生の著作、論文を読むことがあった。平易な文体を用いて、問題の本質を明らかにし、明晰に批判するその論調に、厳格で近寄りがたいイメージを持った。特に、治安立法や保安処分問題を扱った一連の著作には、まさに権利を脅かされた人々の現実を直視した、強い主張がほとばしるように表れ、ますますその印象を強くした。ちなみに、保安処分の導入が争点となった刑法改正問題をめぐっては、医学者と法学者が共同して研究を行い、その問題性を訴えたが、その頃まだ若かった父が中山先生に接し、大いに学んだことを後から聞いて知った時は驚いた。

　刑法理論史に関するご研究も、初学者にとっては実に興味深かった。いわゆる学派の対立として取り上げられる構図が、各論者の思想をバックボーンとして、鮮やかに浮かび上がってくるように思えたからである。背景となる時代状況への丁寧な言及も理解を助けた。一見、実在的なものを超越し、独立して存在するように見える「理論」も歴史的な文脈で捉える必要があることを教えられた。

さて、中山先生から頂いた抜刷りへのお返事は、几帳面な万年筆の文字が連ねられており、私が学生の頃に最初に抱いた印象とはまったく異なり、木訥で温かい人柄がしのばれた。その後、刑法学会に所属し、遠くから先生の姿を拝見することができた。いつも前の席で報告を熱心に聴かれ、適時に質問をされていた。その質問内容は鋭いが、口調は柔らかでよどみない。「闘う刑法学者」というイメージからは意外な気がした。その先入観がさらに裏切られるのは、私が刑法読書会に参加するようになってからである。直接接する中山先生は、厳しい刑法学者というよりも、何に対しても興味津々で、議論好きな温厚な人なのである。先生にとっては、論争もまた人間的な交流の場である。傍目からは激烈に見えた「中・中山論争」が、電車の中で交わされた対話から生まれたことも、身近に接してみなければ分からなかったことである。中山先生は、若手研究者にも親しく声をかけ、適切な助言を下さるばかりでなく、合宿では、しばしばテニスの腕を披露された。先生の周りには、いつも笑いが絶えなかった。

　最後にお会いしたのも、刑法読書会の研究会でのことである。少しほっそりされたという感じがしたが、声に張りがあった。大阪市立大学に赴任したとご挨拶申し上げたところ、にこやかに歓迎して下さった。父ももう古稀を過ぎたと言うと、「まだそんな筈はないでしょう。」と破顔一笑された。帰って確かめたら、やはり父は70歳を越えている。それだけ先生の内に若々しい気持ちが保たれていたのであろう。それからいくらもたたないうちに、訃報に接した。ブログの更新が止まっていたことから、お加減が悪いのかとは思っていたが、あまりに突然のお別れに言葉が出なかった。折角関西に来て、身近に接する機会を得て、精一杯

ご教示を賜ろうと思っていた矢先に残念でならない。

　中山先生が先陣を切って、切り拓かれた地平に、さらにこれを継承し発展させる学問的営為を積み重ねなければならない。先生の偉大な業績を畏れながら、しかし、先生に教えて頂いたように、進取の気性で柔軟に問題を発見し、それに対峙していかなければならない。次世代に課せられた課題は多いが、先生のご恩に報いるべく、力を尽くしたい。

（大阪市立大学教授）

中山先生から学んだこと

金 子　　博

　中山先生と研究会で初めてお目にかかったのは、約5、6年前になります。しかし、研究会等で度々お目にかかることはあっても、中山先生と直接接する機会はほとんどありませんでした。単に中山先生とお話しする勇気がなかったことが原因で接する機会がなかったという方が正しいかもしれませんが。とはいえ、中山先生の御著書や研究会における研究姿勢が私にとって非常に印象的かつ刺激的であっただけに、もはや接する機会が完全に絶たれたことは残念でなりません。

　学部時代、御著書、とりわけ『刑法総論』および『刑法の基本思想〔増補版〕』は、「刑法」に関心を抱く一因となりました（今でも研究する上で一助となっています）。なかでも、後者は、各々の大家の刑法思想という観点から、時代状況の変化に関連させた犯罪論と刑罰論を扱ったもので、その当時、一読み物として興味を抱かせると同時に、無味乾燥に陥りがちな「刑法の勉強」を「知の探究」へと誘ったと言っても過言ではありません。

　しかし、実際にお目にかかったのは、大学院に進学した後でした。中山先生のお人柄に関しては全く存じ上げていなかったのですが、刑事判例研究会や刑法読書会においてご退職してもなお研究を継続される中山先生のご姿勢には、模範的な「研究に対する

姿勢のあり方」というものが示されていると感じずにはいられませんでした。

　先生との数少ない思い出の中で特に強く記憶していることは、大学院生活に少し慣れ始めたころ、同志社大学で行われた刑事判例研究会にて、判例批評は時期尚早と考え勧められても躊躇した私に、中山先生は判例報告をするよう強く促したことです。そのときは戸惑いを感じましたが、今振り返ってみれば、門下生でもない私のメールによる質問に対して懇切丁寧に回答してくださったことを踏まえると、研究に対する積極姿勢を促していたように感じます。

　このような研究者の理想像ともいうべき中山先生がご逝去されたのは、まことに痛惜にたえません。先生の刑法思想を伺いたいこと数知れず、また私の研究テーマに対する御意見等をお聞きしたいことが多々あったにもかかわらず、今後、先生の新たな御著書を拝見できず、お会いすることもできないことは残念でなりません。先生が残された数多くの研究業績や研究会等で示された研究姿勢を糧としながら、これから先も精進してまいりますことをお誓い申し上げます。

　　　　　　　　　（立命館大学大学院法学研究科博士課程後期課程）

中山先生と経済刑法研究会

神 山 敏 雄

　ドイツから帰国（1979年9月）した後、研究テーマの一つとして経済犯罪・刑法の研究にも取り組み、テーマごとに試行錯誤を重ねながら書き上げた論文はその都度公にしていた1986年頃、中山先生から関西での経済刑法研究会の立ち上げの話を持ちかけられた。その時点では、私もまだ当該分野の研究の緒に就いたばかりであり、また、当該分野の研究はいまだ必ずしも深まっている状況ではないと思っていたので、参加者が実りある議論をするにはもう少し研究成果が出た後で考えてはどうですかと消極的な意見を述べたが、先生は、「耳が痛い」と言われながらも、研究会を通して関西の若手研究者を育てていく方針であることを熱く説かれた。私は、岡大への赴任後、かねがね、関西では学閥、思想、心情の違いを超えて意欲のある研究者を育てていく気風と伝統があることを仄聞していたし、また、関西部会、読書研究会、罰金研究会等において大変お世話にもなっていた。それぞれの場面において、先生が常に先導役を果たされていることを肌で実感していたので、先生の学問と若手育成に対する情熱には抗することができず、非力ながらも研究会の発足に参加させていただくことにした。当研究会の発足当時の状況を思い出すために、手帳および日記帳を捲ってみると、私の最も古い記録としては、経済刑

法研究会は、1986年6月22日（日曜）12：30より、十三の淀川会館で開催されたと記されている。そして当日の研究会の参加者としては、中山先生、光藤先生、垣口、恒光、佐藤の各氏が記されており、その日のメンバーは必ずしも多くはなかった。その日は、記憶は定かではないが、おそらくは今後の研究会運営の方針等を話し合ったのではないかと推測される。

　当研究会は、それから四半世紀も存続しており、その過程でメンバーの入れ替えはあったものの、現在では新進気鋭の中堅若手のメンバーも増え、研究会の活動範囲が拡大している。それも先生の熱意とそれに応えている幹事役及び参加メンバーの意欲の賜物と思っている。当研究会では経済犯罪の基礎理論のみならず、外国の経済犯罪関係の文献の紹介、そのときどきに発生する具体的事件、周辺問題のコンピュータ犯罪、環境犯罪、経済刑法の入門書等についても取り組んできたが、先生は、その間、ほぼ年4回開催される当研究会にはほとんど出席され、御自ら定刻主義者と自認しておられたように、常に研究会開始時刻前に会場に入られ、私などは、開始時刻後に入ることは論外であるとしても、開始時刻前でも先生より遅く入るときはばつが悪い思いをしたことも幾度かあった。さらに、先生は、共同執筆の原稿締切についても極めて厳格であった。雑談の中で、それがルーズになると、結局、他の研究スケジュールに支障を来すと共に他の執筆者にも迷惑をかけることになると話されていた。研究会等の場において先生のそのような基本姿勢に接し、研究活動においてのみならず、日常の生活においても、身の引き締まる思いをしてきた。

　先生が体調を崩され、最後に当研究会に出席されたのは、2008年12月13日（土曜）であったと記憶している。当日は、研究会

終了後、私も懇親会をお断りして先生と帰途に就く途中、二条駅までの道程で「当研究会へのご出席はご無理なさらないようにして下さい」とお伝えしたところ、「本日は天気もよく、少し体調がよい上、神山君の研究報告もあるので出掛けることにした」とのことであった。私が、当研究会で、中山先生にお会いし、研究報告を行い、議論し、言葉を交わしたのはそれが最後となった。学会等でお会いする度に「元気でやっているか」とお言葉をかけて下さった先生の笑顔に永久に接するこができないのは誠に寂しい限りです。

　特定分野の研究会が四半世紀以上も存続し続けることはそう多くはないと思うが、先生の遺された研究道場としての当研究会は、そこに参集する多くの意欲のある参加者が論戦を通してお互いのワザと思考を研磨し、研究を高めて業績を生み出していく限り、発展し続けていくものと確信している。先生のご遺志に報いるためにも、当研究会の発展のために少しでも役立つ限り微力を尽くしていく所存である。

　天国の中山先生に衷心より感謝の念を表すとともに先生のご冥福を祈って筆を措くことにする。

　　　　　　　　　　　　　　　　　　　（岡山大学名誉教授）

中山説とヤコブス説―その意外な共通点

川 口 浩 一

　私は、学部・大学院時代、中先生（ゼミ及び修士課程2年目）、平場先生（修士課程1年目）、そして中山先生（博士後期課程）という関西刑法学界の大家である（それぞれ立場の異なる）諸先生方に学ぶことができたという幸運に恵まれた。1993年10月28日に中先生が、2002年6月27日に平場先生が、そして今年（2011年）7月31日に中山先生が亡くなられたので遂に大学院時代の指導教授がすべて亡くなられてしまったことになる。

　中山先生の大学院の授業については以前に書いたことがあるので、その後研究会の帰りの電車の中などで、これまで何度か中山先生と議論した内容について記録しておきたいと思う。特に中山先生の実質的な弟子である松宮教授の学説がヤコブス説に接近しつつあることなどから、ヤコブス説について議論することが多かった。もちろん中山先生は、周知のように結果無価値論・法益保護論の立場を採られるので、規範主義的で法益保護論を批判するヤコブス説の立場に対しては基本的に反対の立場であるとされていた。それにもかかわらずいくつかの点についてはヤコブス説と共通の点があることを指摘したところ、先生は非常に興味を示されていた。

　その一つは、主観的違法要素に関するヤコブス説の対応であ

る。例えば文書偽造罪等においては行使目的がある場合にのみ処罰がなされているが、同じく結果無価値論・法益保護論の立場に立つ山口説も「通貨などが行使されることにより、その信用性という法益が侵害されるが、行使の目的は、行使という行為を行う意思として、行使による法益侵害の危険を基礎付けているのである（行使の目的がなくとも、他人により行使される危険が皆無ではないが、そのような程度の危険では当罰性が欠ける）。このような行使の危険を、行為意思としての行使の目的を考慮することなく判断することは困難であろう（それでは、処罰範囲が不当に広くなるか、狭くなるかのいずれかになる）」（山口・刑法総論 95 頁）として例外的に主観的違法要素を肯定されるのに対し、中山先生は、この場合も含めて主観的違法要素を全面的に否定されている（中山・刑法総論 240 頁以下）。中山先生はこの場合でも客観的な危険に対応する意思として把握することが可能であり、主観的超過要素をみとめるべきではないとされる（松宮・刑法総論講義 63 頁も〔各論的な検討が必要という留保が付されているが〕「通貨偽造罪などで共犯が絡んだ場合には、偽造者本人に『行使の目的』がなくても、偽造の依頼者が使うつもりであることを偽造者が知っている場合には、通貨偽造罪の成立を否定する理由はないし、このような場合の『行使の目的』は、他人によって行使される危険の認識にすぎ」ず、「危険というレベルでは、客観は必ずしも主観に超過されているわけではな」く、「それ以外の場合でも、行為者がつぎに何をするかは、それまでになされてきた軌跡から制約されるのであって、行為のもつ法益侵害の危険が完全に行為者の主観に左右されるというわけではない」とする）、同様にヤコブス説も主観的超過要素はなるべく客観的要素の認識に還元すべきであるとし（例えば文書偽造などについても目

的犯構成は立法論的には妥当でないと私の質問に答えられた)、同様に不法領得の意思についても、例えば使用窃盗の場合にもある程度の継続性をもって領得することを要件とすることによって、立法的には不要説が妥当だとする(興味深いことに一般に主観的違法要素を肯定される中先生も不法領得の意思については不要説の立場を採られていた。中・刑法各論137頁)。このようことから、南米などではヤコブス説は基本的に客観説(客観的帰属を重視する見解)と理解されているのである。

さらに故意説と責任説との対立に関しても、最近の有力説(例えば山口・前掲247頁は「違法性の意識が存在するにもかかわらず行為にでた場合に、過失とは質的に異なる責任非難が可能となり、重い故意責任を問うことができるとする見解であるが、軽率に法的に許されていると思っただけで故意犯の成立が否定されることになる点が結論において妥当でなく」、「この見解も違法性の意識の内容を、法的な禁止の認識から、前法的な規範違反(反道義性あるいは社会的有害性)の認識に緩和している」が「しかし、それでは、今度は、そのような意識の存在によって前法的な責任ではなく、法的な責任を問いうる根拠を認めることが困難になる」として厳格故意説を批判している)が責任説を採用するのに対し、中山先生はなお厳格故意説を妥当とされ(中山・前掲372頁)、責任説などに対して詳細な批判をなされている(その集大成が中山・違法性の錯誤の実体〔2008年〕である)。ヤコブス説も最近の見解では責任説に対する批判を強めている(教科書においてはなお法効果志向的責任説を主張していたが、最近の著書(近刊)・刑法の帰属の体系(System der strafrechtlichen Zurechnung, 2012:引用は原稿による)Ⅱ4a.aaにおいては、「故意と違法性の意識は区別できない」として故意説を主張している)。

また最後にその刑罰論については、両者とも特別予防論に対して批判的な見解を採られていることが注目される。すなわち中山先生は、国家権力に対する批判的な立場から（これは資本主義国家のみならず、共産主義国家、例えば旧ソビエトや旧東独の国家に対しても批判的な立場を採られていたこと〔大学院の授業で旧東独の刑法論に関する評価を伺った際にも、旧ソビエト・旧東独国家体制を強く批判され、このような体制は近く崩壊するであろうことを示唆されていたこと〕が非常に印象に残っている）、（私の印象ではわが国においては特別予防を刑罰目的にすることやその効果についても非常に楽観的な議論が多い）特別予防論に対しても批判的な見解を採られている（山中・刑法総論45頁以下は中山説を「現在の国家権力を『悪』と捉える立場から、現在の国家社会への再社会化を目的とする特別予防論に対して警戒感をもち、むしろ、消極的な意味における応報主義的な刑事政策を志向する立場」に分類する）。国家観は異なるが、ヤコブス説も特別予防に対しては批判的な見解を採り、最近のドイツの議論においては「絶対的」ではなく「表現的（expressiv）」と呼ぶべきだとされる（Hörnle, Straftheorie, 2011, S. 29 ff., S. 57 はそれを「予防的（präventive）」刑罰論と対比している）新しい応報刑論（Pawlik, Person, Subjekt, Bürger, 2004, S. 88 ff. など）と近い独自の「積極的一般予防論」を主張されている（ヤコブス・姫路ロージャーナル1/2号69頁以下は自説を積極的一般予防論に位置づけるがHörnle, a.a.O. S. 31 はヤコブス説は表現的刑罰論に位置づけられるべきだとする）。

　このようにマルクス主義的な立場から出発する中山先生の見解と、結論的にはヘーゲル的な見解と（これに関しては異論もあるが）呼ぶことが可能なヤコブス説との間に意外な共通点があるこ

とは、単なる偶然の一致にすぎないのか、それとも理論的な関係があるのか、両説の影響を受けた松宮説の展開なども含めて、「セカンドオーダーの観察者」（ルーマン）の立場から今後とも観察を続けるとともに、残念ながら中山先生から直接ご意見を伺うこと（ルーマン的にいえば先生の心理システムと構造的にカップリングしたコミュニケーションをとること）はもはやできなくなってしまったが、先生がわれわれに残された重大な問題提起をめぐる「継続的コミュニケーション（Anschlusskommunikation）」にも積極的に関与していきたい。

（関西大学教授）

中山研一先生を偲ぶ

川 端 博

　尊敬する中山研一先生の訃報に接した時、余りにも急な御逝去に驚くとともに、わが刑法学界にとって大きな損失だと痛切に感じた。まさに巨星墜つという表現が当てはまる。日本刑法学会役員宛にメールで訃報を配信された松宮孝明教授に、中山先生の御冥福を御祈りするとともに喪失感を強く覚えている旨を返信したことであった。ここに中山先生の思い出を綴って先生を偲ぶことにしたい。

　中山先生は、わたくしにとってはいわば雲の上の存在であり、近寄り難かった。最初にお目にかかったのは、刑法学会に入会したばかりの院生時代で、平野龍一先生から刑法研究会の事務局の仕事の手伝いを依頼された頃のことである。当時、刑法改正作業が進行し、これに対抗して平場安治先生と平野先生を代表とする刑法研究会は、いわゆる刑法改正代案を作成すべく活発な研究討議を続けていた。会員は錚々たる高名な刑法学者達であり、その研究会における議論は高度な内容を有し、しかも非常に熱気にあふれたものであった。事務局のメンバーの下働きをしながらその様子を垣間見る幸せに浴することができた。その研究会での中山先生の御活躍を傍らで見て感動したことを覚えている。

　残念ながらわたくしは、中山先生から直接御指導を賜る機会に

恵まれなかった。謦咳に接することができたのは、刑法学会の大会や懇談会の折に御挨拶するばあいに限られたのである。中山先生から学恩を賜ったのは、御著書や御論文を通してである。先生は、じつに精力的に御著書や御論文を公刊してこられた。長い間、御著書を恵贈して戴いてきている。その都度、拝読しそのテーマについて大いに勉強し知見を得ることができたのである。そのこととの関連で思い出すことがある。かつて違法性論において行為無価値論と結果無価値論が対立し、華々しい論争が展開された。中山先生は、結果無価値論の陣営に属して強力な論陣を張られた。非常に明解で説得力のある叙述は、魅惑的で数多くの支持者を獲得され一世を風靡したものである。その頃、わたくしは、理論的に対極の立場に立っていた。行為無価値論は、一般に判例・通説が採る立場とされていたが、公刊物おいては、結果無価値論が圧倒的に優勢な状況にあったといえる。行為無価値論者は、「違法性は結果無価値に尽きるものではない」と繰り返すばかりで、その主張は理論的な明解さに欠けていた。そうした中でわたくしは、行為無価値と結果無価値との「関係」を明らかにすべきであるとの観点から、「二元的」行為無価値論としての再構成を提唱した。そして、「結果」無価値に影響を与える主観的要素としての「行為」無価値の内実を「人的」なものとして特徴づけることを強調した。その契機となったのは、中山先生がヴェルツェルの「人的違法観」に対して結果無価値論を「物的違法観」と名付けられたことである。その名称は、普及せず、中山先生御自身もその後あまり使用されなかった。しかし、わたくしにはそれは両説の本質・中核を明示するものとしてきわめて重要な意義を有するとおもわれた。そこで、「人的」・「物的」という用語が

中山先生の創見であることを明示したうえで、わたくしは、「人的不法論」と「物的不法論」との対置を提唱したのである。この用語によって理論的な純化を図ることができたと、わたくしなりに満足している。

　中山先生と長年にわたって親交を深めてこられた成文堂の土子三男取締役から、中山先生のことをお伺いする機会が多くあった。その中から2つだけ印象深いエピソードを書いておくことにしたい。1つは、先生が早くからワープロやパソコンを導入されて執筆に大いに活用されていたことである。じつはわたくしも新し物好きで、ワープロを早い時期に購入した。ミニ書院というもので16ドットで1行しか画面表示できないうえ、記憶機能がないにもかかわらず、高価額であった。それでも字が下手なわたくしにとっては、原稿を清書するタイプライターとして有難く感じられた。その後、フロッピーディスクが出現し、タイプライターから著述マシーンへと変化し、パソコンへと移行したのである。それを中山先生が早くから導入して活用されたことを知り、あらためて尊敬の念を深めたのである。

　もう1つは、中山先生がこれまで関西刑法学の纏め役を果たしてこられたことである。東京から見ると、関西の刑法学には羨ましい点が多々ある。その1つが纏まりの良さである。刑法学に限らず、哲学をはじめ人文・社会科学の研究者達が、頻繁に会合し談論風発し楽しそうに共同研究を続けて優れた成果をあげているのである。文化的伝統もさることながら、生活圏の地理的狭さも大いに影響しているとひそかに考えているが、何といっても、そのコミュニティーをまとめる人の人間的魅力が決定的であるようにおもわれる。いいかえると、人間の器の大きさであり、懐の深

さである。その意味において、仲間を束ねる人は、大物でなければならない。その点においても、中山先生は真の大物であったとおもう。

　先生から多くのことを御教示戴きたいと望んでいたのに、もはや叶わぬこととなってしまった。ひたすら御冥福を御祈り申し上げる次第である。

(明治大学教授)

ありがとうございました

桑原　洋子

　中山研一先生が御逝去されて一つの時代が過ぎていったという感がいたします。

　中山先生に始めてお会いしたのは45年前のことです。先生は「語学はできますか。ドイツ語は読めますか」と聞かれました。「ドイツ語は学部の授業に出ただけです」と申し上げました。

　先生は「それでは研究者になるのは無理です。しかし貴方にやる気があるなら読めるようにしてあげますよ」とおっしゃいました。私は「努力してみたいと思います」と申し上げ、先生は読書会に入れて下さいました。

　それから月2回土曜日の午前10時から1時間の特訓が泉ハウスの1階で始まりました。私は、なるべく頁数の少ない論文を探し、意味のわからないベタ訳を持ってお伺い致しました。泉ハウスに着くと先生は既に机の前に座っておられました。「お早う」とおっしゃるその笑顔がなんと怖かったことか。

　私が訳を読みあげるのを聞かれた後で先生は「これは、どのような意図で書かれた、どのような内容の論文かを貴方の言葉で説明して下さい」とおっしゃいました。私は支離滅裂な報告をいたしました。

　このようなことが3〜4回続いた後で「貴方は頁数の少ない論

文ばかり選ぶから著者の意図が汲みとれないのです。長い論文は説明が丁寧で、重要な部分では、そこを強調するために繰り返し書かれているので、読むのに時間はかかっても理解しやすいのですよ」とおっしゃいました。それからは、20頁位の論文を探して読んでいくようになり、なんとか内容がわかるようになっていきました。

少したってから先生は「語学は基礎であって、これができたから良いということではない。しかし一定の語学力がないと前に進めないのですよ」とおっしゃいました。

1970年にイギリスに行く半年位前に、どのように準備を進めたらよいのかを教えていただくために研究室にお伺い致しました。先生は「どのようなテーマにするのですか」とお尋ねになりました。私は「この研究会で少年非行の論文を勉強をさせていただきましたので『イギリスの非行少年の制度史』をテーマにしたい」と申し上げました。

先生は「それなら、日本語で書かれているイギリスの少年非行に関する論文をできるだけ沢山集めなさい。それを読めば今までの研究の概要がつかめるでしょう。そしてそれを読みながら定訳について単語帳をつくりなさい。その単語帳をもって、イギリスで集めた文献を読んでいくと理解しやすいですよ」とおっしゃいました。これは本当にそのとおりでした。

当時から先生は多くの執筆依頼を受け、大変お忙しい毎日であられたと思います。専業主婦で、要領が悪く、不器用な者を、将来が見えないままに、具体的な研究方法について、理解できるように教えて下さいました先生に深く頭の下がる思いでございます。

身の丈に余る著書を公刊され、御逝去の直前まで各誌に執筆しておられました先生が、研究者を志す者を、男女の別なく御指導くださいましたことに心から感謝と哀悼の意を捧げたいと思います。

〈龍谷大学名誉教授〉

中山研一先生の思い出

小 林 敬 和

　私が中山研一先生に初めてお会いしたのは、今から36年前ドイツ（Bundesrepublik Deutschland）に遊学していたときである。中山先生はヨーロッパの各地を訪問されていて、ドイツ南西部にあるフライブルク大学にも立ち寄られた。そのとき、明治大学の伊藤進教授、札幌学院大学の鈴木敬夫教授と3人でお会いしたと思う。しゃれたレストランでドイツワインを堪能した。

　私は、それまで論文でしかお目にかかっていない中山先生とお会いすることへの畏怖や、友人の話から勝手に、「研ぎ澄まされたナイフ」のような先生像を抱いていた。中山先生は、ヘルメットにゲバ棒の学生が授業中侵入し議論を挑んできたとき、堂々と立ち向かわれた。そんな先生は中山先生しかいなかった、というのである。ところが、実際にお会いした先生は、穏和な好紳士であった。私は緊張して、何を話したかあまり記憶にないのだが、そのとき先生はワルシャワからドイツへ来られていたようで、「最近ワルシャワも自由になって、犯罪が増えたようです」と話されていたことが印象に残っている。犯罪が増えるのは迷惑な話ではないかと思ったが、先生の自由主義思想がその言葉にあった。

　当時ドイツは、経済犯罪対策法の制定を考えていて、その経済

犯罪対策専門委員の主要なメンバーであったクラウス・ティーデマンという若手の学者がフライブルク大学にいた。大学時代日本語を1ゼメスター学んだことがあるという、日本びいきのティーデマン教授は、「ゼミに参加したい」という私の申し出を快く引き受けて下さった。ゼミは、さしずめ国際会議のようで、色々な国の人たちが経済刑法を研究するために参加していた。ティーデマンの理論を学ぶことにしたのだが、暖かい先生で、私を自宅に招待して下さったこともある。ゲブラハト・ドイチュで日本の色々な風俗習慣を説明した。そのとき、マックスプランク研究所のチョン教授ご夫妻もおられて、ドイツや韓国の風俗習慣の話に花が咲いた思い出がある。

日本に帰って、ティーデマンの「Wettbewerb und Strafrecht (C.F.Mueller 1976)」という論文を紹介したりした。刑法学会に参加していたとき、「君に会いたいという人がいる」と言われて紹介されたのが、岡山大学の神山敏雄教授だった。神山先生はティーデマン教授のところへ留学されていたと聞いた。それから、神山先生には色々な面でお世話になった。

私の経済刑法論は、経済「刑法」論ではなく、財産損害の前段階的保護、経済秩序という超個人的法益の保護、経済犯罪対策において刑事罰が効果的なときには積極的な介入が必要だという「経済刑法」の独自性を主張するものである。ある先生からは「危険な思想だ」と言われたが、最近、若い先生方が同じような議論をされていることを頼もしく思っている。

短大の教員をしながら拙い論文を書いて、中山先生にもお送りしていたが、私の立場は秩序維持思考が強いため、先生のお考えとは全く異なるものであった。

あるとき、一面識もない高岡法科大学の田中圭二教授から、「経済法学科を作ろうと思っているが、経済刑法担当で来てくれないか」とのお誘いを受けた。後で分かったことだが、田中先生が中山先生に「経済刑法の先生はいないか」と相談されたところ、「徳山女子短大に1人いる」と言われたそうで、それで声をかけて下さった次第である。中山先生を通じて田中先生とのお付き合いが始まった訳だが、高岡法科大学に赴任したものの、経済法学科の設置は頓挫して、大学院を作ることになり、香川大学に移られた田中先生の後任として、私は文科省との交渉に奔走した。

その後、法科大学院の設置により、香川大学・愛媛大学連合法務研究科（四国ロースクール）で刑法を担当することになったが、またそこで、田中先生と一緒に教鞭を執ることになった。毎週、FDという名目で夜ごと懇談したことは懐かしい思い出である。田中先生から中山先生の人となりを詳しくお聞きするにつれ、中山先生のファンになった。学会でお見かけしたときは必ずお会いして、近況報告をした。「期待していますよ」といつも暖かい言葉をかけて頂いたし、玉著もお送りいただいた。

ドイツでお会いしたのが、ついこの前のような気がしている。経済刑法に関するモノグラフィーを完成させて、いつの日か、先生から「期待通りでした」と言ってもらうことを励みにして来たが、いまだ道半ばであり、自分のふがいなさを恥じているところである。

（愛媛大学教授・四国ロースクール教授）

中山先生とマルクス主義

斉藤 豊治

　中山先生に最初にお会いしたのは、京大法学部のソビエト法の授業であった。先生は、当時、因果関係論に強い関心を示されていたようで、授業でも幇助の条件関係に関して、詳しく検討されていた。大学院進学が決まった後、熊野の公務員宿舎に招かれて、いろいろと話をしていただいた。印象に残っていたのは、一年にすくなくとも2本の論文と2本以上の判例研究や紹介を書くようにという指導でした。

　先生の研究や思想の最大の特徴は、マルクス主義の影響を強く受けていたことである。私自身も広い意味では同様な立場にあり、そのせいもあって、先生とは半世紀近くに及ぶ長い精神的交流の時間を有してきた。先生は、資本主義体制の社会・国家・刑事法制に関し、根底においては原理、原則に厳しい批判的立場をとり、それを貫かれてきた。その批判の矛先はときに私たちにも及んだ。佐伯先生が亡くなられた後に佐伯刑事法学を総括するにあたり、佐伯先生が戦時下の理論（日本法理）と活動に関する総括をしないまま戦後の活動を開始されたとの厳しい批判を加えて、波紋を広げたが、それは中山先生の原理、原則に厳しさの一端を示したものといえよう。

　先生は、ソ連・東欧諸国や中国の体制および刑事法に関して

も、自主的な立場から深い検討を加え、人権保障面での本質的な限界があることを強く意識されていた。それが、その後展開された資本主義刑法である日本の刑法研究にも反映しており、一貫した民主主義と人権に立脚した刑法解釈論、立法論を志向された。私が大学院に入学した後、間もなくして中国に文化大革命が起こり、日本の革新陣営、マルクス主義を標榜する人々にも大きな衝撃を与えた。しかし、中山先生はいち早くその問題点を見抜き、ソ連における類似な経験に言及しながら、その破綻を予言されていた。

中山先生は、思想的には宮内裕先生に近い位置におられたが、当時のお二人の間には大きな違いも見受けられた。当時、宮内先生は京都の憲法改悪阻止各界連絡会議の事務局長などの活動を通じて、憲法改悪阻止、人権と民主主義の擁護の運動の最前線に立たれており、理論的にはとくに治安立法について優れた研究成果を上げておられた。その根底には、マルクス主義の国家論、社会論、刑罰論があり、イデオロギー批判が主要な武器であった。中山先生は、それとは異なり、刑法学界において確固たる立場を築き、「ブルジョア学界」（中山先生が当時よく使われていた言葉である）を内部から改革していくというスタンスを模索されていた。そして、その改革の指針が、刑法における人権保障原理である罪刑法定主義、結果無価値論、個別行為責任主義などである。異論もあろうが、大まかに言えば、宮内刑法学の主たる側面はマルクス主義の刑法学であり、中山先生のそれは民主主義の刑法学であるという仕分けが可能であるように思われる。中山先生のスタンスは、非マルクス主義でありながら戦後民主主義の影響を受けた同世代の研究者との共同を広げることを可能にした。

先生は、刑法学の柱を巡って、形式的客観主義を貫くのか、実質的客観主義を取り入れるのかをあれこれと模索されていた。先生は滝川幸辰先生の最後のお弟子さんであり、そのことも意識されていた。主観的違法要素および未遂の本質論等を巡って、佐伯＝中説と異なる立場をとる外在的契機ともなったのではなかろうか。

　マルクス主義の影響を強く受け、さらに原理、原則に厳しいことは、先生が大学人として多くの茨の道を歩まれる大きな要因となっていた。先生が京都大学を去られた後、民主主義と人権感覚に優れた人々が研究者として育ちにくくなったことは、争えない事実であり、京都大学にとっても、日本の刑事法学界にとっても大きな損失といってよい。

　私は、かつて前野育三、生田勝義、上田寛の諸氏と、民科法律部会で宮内刑法学を検討し、法の科学5号（1977年）でその結果を発表した。その作業を通じて、私は宮内先生よりもむしろ中山先生の影響を強くうけていることに気がついた。長年にわたって、中山先生の近くにいてご意見を拝聴してきたことにもよるであろう。中山先生の「呪縛」から解放されたのは、1979年から2年間のアメリカでの留学体験によってであった。しかし、留学後も中山先生には、刑事法の個別の問題や研究者としての姿勢や生き方等を含めて、ご指導をいただいた。先生はご自身の答えを示されることは少なく、こちらにさらに考えさせるという仕方で対応された。

　私にとって中山先生は最年長の先輩であると同時に、師範代に当たる。2001年から東北大学に勤務するようになり、先生と議論する機会はめっきり少なくなり、研究面の関心も方法論もそれ

以前から大きく異なってきていたが、私が最も大きな影響を受け、さまざまなご指導を頂いたのは、紛れもなく、中山先生であった。先生は議論が好きで、刑法読書会などの研究会で好奇心に満ちたお顔とともに、そのお声は今も胸に焼き付いて離れない。

（大阪商業大学教授、弁護士）

中山研一さんを偲ぶ

阪 村 幸 男

一、定刻主義者

　時間を大事にされた人であり、日頃より「5分前の精神」を唱えられていた。その精神は私共の心に深く残っているところである。

　その学問的業績はすばらしく多く、ソビエト刑法、日本の刑法論、脳死問題、経済刑法より、判例研究、論文紹介まで、広範囲にわたり、最近では日本刑法史の分野にも活動の範囲を広げておられた。その意味ですぐれた学者であり、また教育者でもあった。論説は精密であり、鋭く、敬意を表していたところである。

　研究会にも、時間的にきちんと出席されて、すぐれた論理で権力に対しても批判の方向を失われなかったのは、貴重な存在であった。その姿がみられなくなったのは、何としても淋しい限りである。

二、理と情の人

　自分の思考に極めて忠実であり、真実を率直にいわれ、まことに正直な人であった。あいまいな表現はされず、理を尊重された点は学ぶところが少なくなかったと思う。

　また物事を多角的にみられており、夫々の人の生活に配慮されて、細かい点も気を遣っておられた。海外旅行の心得、学会、就

職問題、経済生活に至るまで、心づかいが細やかであり、教えられるところが多かった。まさに情の面をもった人であった。
　ながい間の交友は有難かったとしみじみ思うのである。
　平成23年11月　記す。

（大阪学院大学名誉教授）

中山研一先生を偲ぶ

坂 元 和 夫

　私は昭和30年に京都大学に入学して、刑法と刑事訴訟法を平場安治先生、刑事学は宮内裕先生のそれぞれ講義を聴いた。中山研一先生はその頃片岡昇先生と同年代の少壮助教授で主要科目の講義は未だ受け持っておられなかったように思う。

　3回生のときに外書購読という科目があり、中山研一先生の英語刑法と桂静子先生のドイツ刑法をとった。私が何故英語もドイツ語も刑法を選んだのかは覚えていないが、美人の桂先生のドイツ刑法が学生に人気があったのは事実である。もっとも、桂先生は見掛けによらず授業が厳しかったので冷やかし組は大半が落伍した。英語刑法の教材はアメリカの法学者ロスコー・パウンドの何かの一部で題は忘れてしまったが当時出たばかりのコピー機で複写した青い不鮮明な20頁くらいのものであった。法の機能を社会工学（social engineering）という言葉で説明していて、理屈よりも効用を重んずるプラグマティズム法学の目新しさにショックを受けたのを覚えている。刑法の中山先生がパウンドを教材に選んだ見識は大したものだと今にして思うが、当時は訳も分からず勉強して試験では90点近くもらい平均点の嵩上げに役立った。

　私が裁判官を辞めて京都で弁護士登録をしたのは昭和43年である。弁護士の誰かに勧められて京都民主法律家協会会（京民

協)に入会した。司法界が激動期を迎える少し前で中山先生は京民協の理事か事務局長かをされていた。月に一度丸太町東洋亭でライスカレーを食べながら学者と弁護士併せて6、7名が集まり会議を開いていた。末川博先生にも1、2度お目にかかったことがあるし労働法の浅井先生とか民法の西村先生も健在であった。会議が終わると、帰る方角が同じということで、長岡京市に住む中山先生を車で送るのが私の役目になっていた。何度かお宅に上がってお茶をよばれたことがあるが、先生が書斎にしている日本間には普通より二廻りは大きい座り机が置かれていて、参考文献が山のように積まれ本のない僅かなスペースに原稿が書きかけになっていた。私は学者の仕事場は大学の研究室くらいしか知らなかったので、とても珍しく興味をもって拝見していた。

　その頃送っていく途中の雑談で、私が先生に、学者の本や論文の中にとても難解で理解できないものがあるが、そういうものにぶつかるとつくづく自分の頭の悪さが情けなくなるとこぼしたところ、先生は難しくしか書けない学者の方が頭が悪いのだと慰めて下さった。その後先生が書かれた口語刑法は分かりやすいという評判であった。また、中山先生は、自分は寸暇を惜しんで本を読み原稿を書いているのだが学者の中には音楽などの趣味に時間を費やす人がいるのが理解できないと言われたのを記憶している。私などは仕事と同じくらいテニスとか囲碁などの趣味に時間をかけていたので耳が痛かった。その後、中山先生は大学紛争に巻き込まれ京大から大阪市大に移られお目にかかることもなくなった。

　先生と再会したのはそれから三十年くらい経った今から数年前である。私が関係している病院の外来だったが先生の温顔を発見

し恐る恐る名前を名乗って挨拶をしたところ、「ああ、坂元さん」と私を覚えていて下さった。今年になって2月初めに莇立明弁護士の呼びかけで柴田茲行弁護士と平田武義弁護士と私の4人で四条木屋町の「ちもと」という店で中山先生を囲んで食事をしながら思い出話をした。先生は足が少し不自由になっておられたが、未だに刑事法関係の原稿を書いているとのことで昔と同じように回転の速い明晰な口調で話をされた。そして、先生の『一定刻主義者の歩み』というご著書をいただき、別れ際に最近転居した大津市のケア付きマンションに是非遊びにくるようにしきりに誘って下さった。

　折角だから一度お邪魔しようという話になって莇先生が中山先生に連絡をとったのが6月であったが、先生は体調を崩され入院されたとのことで電話口でもしんどそうだったと聞いた。私達はもう少し早く伺うべきだったと悔やみながらお見舞いにメロンをお送りした。中山先生の訃報を聞いたのはそれから1ヶ月半くらい経った8月初めである。

　私は民事事件専門なので、刑事法学者としての先生は大学での講義以外には知らないと言った方がよいが、先生の人を逸らさない要点を鋭くとらえる話し方は大層魅力的であったし、憲法や自由や人権に対する厳しい姿勢には常々敬服していた。その意味で先生にはまだまだ私達後進を指導していただきたかったと思うのは私だけではないであろう。中山研一先生のご冥福を心からお祈りする次第である。

（弁護士）

中山先生を偲んで

佐川　友佳子

　私が中山先生のお名前を最初に知ったのは、香川大学の学部2回生の時でした。当時の刑法総論の指定教科書が先生の「概説刑法」だったからです。そこで学んだ刑法の背後にある思想の奥深さ、講義を担当されていた山下先生の温厚な人柄にも惹かれて、3回生には刑法のゼミを選択することにしました。

　その後、立命館大学の大学院に進学し、刑法読書会で最初に中山先生にお目にかかった際は、「あの教科書の先生だ」と大変感激したことを覚えています。緊張しながら挨拶をする私に、先生は「頑張ってくださいね」と優しく声をかけてくださいました。読書会での先生は、誰よりも先にいらっしゃって開始時刻の数十分前には席についていらっしゃる、まさに「定刻主義者」でした。時間には大変厳格な先生でしたが、お茶を出す院生の我々にも「どうもありがとう」と優しく応えてくださり、人間としての優しさに満ちていらっしゃいました。そして研究会中は、院生の報告にも真摯に耳を傾けられ、内容について「それはどういうことなのですか」と質問してくださり、大学院生にもかかわらず大先生から一人前として扱われることを嬉しく思うと同時に、満足な答えができず、院生とはいえ自分の研究に対する責任をもたなければならないと自覚させられました。

その後、私の学部時代の恩師である山下先生が亡くなられた際、中山先生から、「山下さんの本を出そうと思うのだけれど、手伝ってもらえないだろうか」と声をかけていただき、私は少しでも恩返しになるのなら、とお手伝いをさせていただくことになりました。そして、出版の話をするため、山下先生の奥様と御一緒に、中山先生の長岡京の御宅に御挨拶がてら御邪魔する機会に恵まれました。そこで、中山先生は当時お元気だった奥様と御一緒に我々を迎えてくださり、山下先生の研究が今の社会にとってとても重要な意味を持っているということ、若い頃の山下先生との思い出話、そして中山先生御自身の御家庭のお話などをしてくださいました。奥様とはとても仲が良い御様子で、あたたかい気持ちで帰途に着いたことを覚えております。

　山下先生の本の出版にあたっては、過去の業績の中から論文を選定しなければならない、ということで、山下先生の業績を探し出し、入手が難しかった古い文献については浅田先生からお借りする等して、すべての業績のコピー又は抜刷を中山先生にお送りしましたが、膨大な数でありましたから、それを読んで選定される作業は大変なご苦労があったと思います。にもかかわらず、あっという間に選定作業を済ませられ、はしがき、解題等の原稿が出来上がって、校正作業をお手伝いさせていただきました。

　その後、『オランダの安楽死』という立派な本が出来上がりましたが、表紙には「山下邦也」とだけ記載されており、中山先生が編集されたことは、一見すると分からないような体裁になっています。私はてっきり中山先生が編者として御名前を出されると思っておりましたので、出来上がったものを拝見して大変驚きました。自分の業績にはならないこのようなお仕事を、中山先生は

あくまで山下先生の遺志を実現するためだけに、代行という形を取りながら、本の企画から出版に至るまで、多くの時間と労力を割いてくださったのです。「山下さんの研究は、今の時代においてとても重要だから」と、その思いから、土子さんをはじめとする成文堂の方々とお話を進めてくださった先生に、私はただ御礼を申し上げることしかできませんでした。

　このような先生のお姿を拝見して、研究者という存在は、自分の研究に対する責任のみならず、学会、そして社会に対する責任を負っており、それを自覚しながら研究しなければならないのだということを学びました。そして、自己の専門領域研究にのみ目を向けていれば良いのではなく、現在の社会、後の世代に対して何をなし得るのかを、常に問い続けなければならないのだと、本の出版や研究会での態度を通じて、先生は身をもって示してくださったように思います。先生から直接色々なことを学ぶ機会を得たことは本当に幸運でした。今はあちらの世界から、我々のこと見守ってくださっていると思います。これからは研究にも教育にも真摯に取り組んでいくことが、少しでも先生から受けた御恩に報いることになればと思います。先生、本当にどうもありがとうございました。

（香川大学准教授）

中山先生と研究会、そしてロースクール

佐久間　修

研究会の思い出

いまから20年ほど前、大阪・十三で「経済刑法研究会」に出席した帰り途のことである。研究会の終了後、ご自宅（長岡京市）へ向かう中山先生とご一緒した際の会話が、いまでも記憶に残っている。

当日の研究会は、午後から夕方まで続いたうえ、夜には懇親会もあり、少しお酒が入っていた。たぶん9時を少し過ぎた頃であろう。通勤客で混雑する阪急電車の中、吊革に掴まりながらの会話であった。周囲の通勤客も一様に疲労した表情であり、居眠りをしている者が多い。中山先生は、これから自宅の書斎で仕事をするとおっしゃった。かなり疲れており、帰宅後はくつろいで、そのまま寝床に入るだけの私にとっては、驚きであった。中山先生の精力的な研究活動の一端を示すエピソードである。

学会活動と後進の指導

中山先生は、常に新たな研究テーマを探求される一方、通説的見解に鋭い批判的省察を加えられた方であった。そうした姿勢は、お亡くなりになる直前まで失われなかったと聞く。年1回の日本刑法学会大会や、夏期と冬期にある同学会の関西部会はもち

ろん、刑事判例研究会、刑法読書会にも熱心に参加され、経済刑法研究会などを主宰された。中山先生にとって、これらの集まりは、まさしく後進の研究者を指導する場であった。学会や研究会の場で積極的に発言されるお姿は、後進の研究者に対する模範であった。冒頭に紹介した阪急電車内の立ち話でも、先生ご自身が指導された若手・中堅の活躍を、満足そうに話しておられたのが、いまでも目に浮かぶ。

ロースクール出でて法学亡ぶ

近年、ロースクールができたことで、法学教育の比重は、格段に大きくなった。しかし、教育負担の重いことを口実にして、研究業績を発表しない若手教員が見られる。実際、十分な基礎知識もない法学未修者に、ソクラテスメソッドやら、双方向授業などを導入したせいであろう。教員の負担は確実に増えている。身近でも、「研究より教育が大切」という者がいる。だが、自らが研究心や探求心を失った有り様で、満足な教育ができるのであろうか。まさしく「ロースクール出でて法学亡ぶ」である。偉大なる先達として、最後まで学問と研究に邁進された中山先生は、こうした現状を、どのように見ておられるであろうか。

法学部教育とロースクール

なるほど、司法制度改革は、手続の迅速化や裁判員制度の導入など、一定の成果をもたらした。しかし、法曹養成に特化したロースクールが、どこまで法学教育に貢献したかは疑わしい。実務優先の教育を推進したため、判例を無視するような授業は少なくなったし、共通の水準まで引き上げるというメリットはあった。

しかし、詰め込み教育の弊害も指摘されており、授業内容を定型化したことで、真の思考力を培う部分は乏しくなった。しかも、実定法系の主力教員がロースクールに移動したことで、多くの大学・法学部では、法律系科目のスタッフが弱体化し、それがロースクール入学者の学力を低下させて、ロースクール自体の授業内容にも影響するという悪循環に陥っている。

法学研究と法学教育の在り方

そもそも、法的思考力は、法学部教育から段階的に積み上げた知識や経験が基礎となるものである。自分の頭で理解するという基本的な法律解釈力と、これを具体的事案にあてはめてゆく適用能力は、未修クラスの１年間で法学部の４年間を経た既修者と同じレベルになるものではない。もちろん、法曹としてのスキルを身に付けるうえで、実務教育は必要不可欠である。しかし、研究者教員にとっては、現代社会が直面する新しい課題に挑戦することが、研究者としての生き甲斐であり、喜びとなるはずである。その意味で、単なるスキルとしての法学が、若手研究者の探求心を満足させるのであろうか。

伝統的刑法学の分野のみならず、医事刑法や経済犯罪など、幅広いテーマを次々と開拓された中山先生の存在は、研究者として進むべき途を示していた。近年、研究者志望が少なくなる中、後進の指導に熱心であった中山先生が、どのように考えられるかを聞く機会も含めて、優れた指導者を失ったことが悔やまれる。

(大阪大学教授)

中山研一先生の思い出

塩 谷 　 毅

　私が中山先生の講義をはじめてお聞きしたのは、立命館大学法学部に入学してすぐの1回生のときでした。もちろん、そのときのカリキュラムでは刑法総論や刑法各論は1回生配当の講義ではありませんでしたが、大学に入学する前から最も関心の強かった刑法の授業が待ちきれず、先輩方に混じって拝聴させていただいたのを覚えております。その頃は、指定教科書・参考書は中山先生著の『口述刑法総論』の第2版の頃で、この本独特の「生の講義を聴くような情緒的な雰囲気」が個人的にはとても好きでした。1994年に同書の第3版が出版され、表現などが整理されてコンパクトなものになりましたが、第2版に比べてやや堅苦しいものになってしまったのが残念で、今でも第2版の方に愛着を持っています。講義では、学説の対立状況を明快に整理され、結果無価値一元論の立場から一貫した解決を示されることに大変感銘を受けました。中山先生の学説は、他の結果無価値一元論の先生方の学説と比べても特に徹底したものでしたので、論理的な明確さが初学者の私には特に魅力的でした。温和な笑顔を浮かべながらやさしい口調で、しかし徹底した論理で他説の問題点を批判されていたのが印象に残っております。

　大学院に進学して以降は、主に刑法読書会で先生にお世話に

なりました。先生は、どなたの報告の後も、真っ先に質問したり、ご自身の意見を述べておられましたが、私自身が報告の準備をする時も、おそらく中山先生にこのようなことを質問されるだろうなどと考えながら、準備をしたことを覚えています。私が刑法読書会ではじめて報告をさせていただいたのは、私の記憶では修士課程1回生のときでした。危険引き受け論に関するドイツの文献（ユルゲン・バウマン FS におけるウルリッヒ・ヴェーバーの論文）を紹介しました。危険引き受け論は、その後私が博士後期課程に進学したときに我が国でもいわゆる「ダートトライアル同乗者死亡事件判決」が出され、ようやく我が国でも議論が活発になりましたが、刑法読書会で私がはじめて報告した頃は、我が国ではこのテーマはまだあまり議論されておらず、ドイツで興味深い議論が起こっているというような受け止め方をされたように記憶しています。ヴェーバー論文では、危険引き受けが問題になる諸事例について、ヴェーバー自身の結論と論拠が示されておりましたが、私の報告が終わるとすぐ中山先生が研究会参加者の先生方に対して「皆さんはここで問題になっている事例群についてどう思いますか。まず、A事例について、これは○ですか×ですか（結論として、有罪にすべきか無罪にすべきか、の意味）。」と質問されました。刑法読書会では結果無価値一元論を採っている先生方の参加が多いのですが、そのような先生方の間でも結構見解が異なるということが大学院生の私には新鮮な驚きでした。中山先生ご自身は、そこで問題になっていた諸事例について、無罪説をとられることが多かったようでした。

　岡山大学に就職して以降は、とくに講義の参考書として先生の御著書にお世話になりました。論点とそれに関する学説の対立状

況が明確な先生の御著書は、学生の評判がとてもよく、私が講義のレジュメを作成する時も常に傍らに置いて参考にさせていただきました。学生時代にお世話になった先生のご助力を得て、大学の講義を行っているように常々感じていたものでした。

　この夏に先生のご訃報に接し、呆然といたしました。先生に教わったことは数限りなく、心より信頼と尊敬のできる先生でした。もう二度とお目にかかれないと思うと残念でなりませんが、心中に根付いた先生のお教えの数々は、これからも消えることはありません。先生のご冥福を心よりお祈り申し上げます。

（岡山大学教授）

果たせなかった出会い

初 宿 正 典

　中山研一先生がお亡くなりになる4ヵ月半前の2011年3月16日、先生から電子メールを頂戴した。それは、私が長らくお付き合いをしている成文堂の土子三男氏と食事をしながらの話しの中で、中山先生のこともよく話題になることがあって、以前から、ぜひ一度、先生に個人的にお目にかかりたいと願っていたので、土子氏を通じて先生に連絡をとっていただいていたからであった。先生からのメールには、先生が私の大学院時代の指導教授であった阿部照哉先生と同期であること、5年前に奥様を亡くされて、大津のびわ湖畔の高齢者用マンションに1人でお住まいだということ、だいぶん年をとっているが、「幸いまだ何とか元気で、ほそぼそと研究活動も続けて」いることなどが書かれていた。

　その上で、「私の方は喜んでお会いしたく存じます」とのことであったので、早速に土子氏に日程調整の労をとってもらった。その結果、6月10日なら都合がよいということになり、大津市内で土子氏と一緒に先生にお目にかかるという約束になっていた。実は土子氏と私は誕生日が同じ6月10日だということもあって、日頃から大変親しくしており、この日も、先生にお目にかかったあと、二人でどこかで酒を酌み交わしながらの時間を過ごすつもりであった。

しかし、5月末頃に先生から再びメールを頂き、体調がよくないので面会はまた後日にしたいとの由で、ご心配申し上げていたところ、大学からの訃報で先生がお亡くなりになったことを知り、ついに面会は叶わずじまいになってしまった。今にして思えば、もっと早い時期に私がこの願いをお伝えしていればと、悔やむばかりである。

　中山先生は、滋賀県（旧）余呉町のご出身で、私は木之本町の出身である。現在では両町は他の4町とともに長浜市に合併されているが、従前は伊香郡余呉町とその東隣の伊香郡木之本町という関係にあった。実は、私と同じく京都大学法学部を卒業した10歳年上の実兄から、中山先生が同郷のご出身であることをよく聞いていた。兄は、法学部在籍中に先生の研究室を訪問して質問したりしたこともあったようで、土子氏から伺ったところでは、先生はそのことも覚えていてくださっていた由であった。私が法学部在籍中は、周知のような大学紛争の真っ只中であり、その混乱の中で、残念ながら、私自身は先生に個人的にお目にかかってお話しをする機会を逸していたのである。その後、私は愛知教育大に就職が決まって京都を離れてしまったため、いよいよその可能性はなくなってしまったのであった。

　私自身は学生時代に先生の刑法の授業を受ける機会はなかったし、当時先生の刑法関係のご著書を読む機会もなかった。刑法は総論を非常勤で立命館大学から来ておられた佐伯千仭先生から学んだ。佐伯先生の講義は、今でもその雰囲気を覚えているほどの名講義であった。しかし、中山先生がその佐伯先生の教えも受けられたということも、当時は全く知る由もなかった。その意味で、中山先生の学問について何かを語る資格も能力も、私にはな

い。私はただ、先に述べた同郷出身という関係から、一貫して先生のことが脳裏の片隅に掛かっていて、いつかお目にかかってみたいと思いながら、とうとうその願いを叶える機会を永遠に失ってしまったことは、残念至極である。先生のブログや、晩年に判例時報に掲載された学説史的論稿などをほんの少し拾い読み程度に拝読するだけでも、先生が、思想や学説上の立場を超えて、いかに人情豊かな寛容の人であったかを知らされ、先生のふるさとを象徴する余呉湖の、奥深き静けさをもつ独特の佇まいと、どこか相通じるところがあるようにさえ思われてならない。今はただ、心からご冥福を祈るのみである。　　（2011年11月5日記す）

（京都大学教授）

中山先生のこと―思い出すままに―

洲 見 光 男

合掌

　中山先生のご逝去を悼む文集が編まれるにあたり、小文を寄せることができるのは、多年にわたりご指導を受けてきた者にとって、先生の霊を慰め自らもまた悲しみを和らげるまたとない機会である。

　1　ワイキキ・ビーチの日の入り

　まだ早稲田の院生であったころ、妻とともに、書肆・成文堂の阿部耕一社長のご自宅で、中山先生と夕食をご一緒させていただいたことがあった。阿部社長のご令室の料理の腕前はなかなかのもので、その日も滋味に富む料理がだされた。メインは自家製ハンバーグであったと思う。中山先生は、それを実においしそうに召し上がりながら、話題が海外旅行に及んだとき、「ハワイに行ったことがありますか。」とお尋ねになった。「いいえ、ありません。」とお答えすると、「ぜひ一度は行った方がいいですね。ワイキキから見る日の入りは素晴らしいです。」とおっしゃった。中山先生からこの種のお話を伺ったのはこの時ぐらいしか思い出せない。その後間もなくして、ハワイを訪ねた。アウトリガー・イーストに部屋をとり、夕方、ワイキキ・ビーチに行った。ゆっくりと沈んでいく太陽は神々しいばかりであった。大海原を朱色に

染める光陽は、私を荘厳な気持ちにさせてくれた。妻はまだ一度もワイキキに立ったことがない。近いうちに一緒に、曾遊の地を訪ねたいと思っている。

 2 熱海の書斎

中山先生は、一年のうち何日かは熱海のマンションの部屋で研究をされていた。成文堂の土子三男取締役がいつもお傍におられたようである。ある日、奇縁でその部屋に行くこととなった。そういう特別の部屋だと聞いていたせいか、マンションに到着する前から緊張していたようである。「いつもと違いますね。」と、同行の阿部成一氏に冷やかされた。書斎に使われている和室は8畳間くらいの大きさで、真ん中に机があった。部屋に向かって左の壁側に本箱があり、刑法の基本書といわれる書が何冊か置かれていた。先生が来られるときは、もっと多くの資料が用意されているのであろう。この部屋からも、先生のあの偉大なご業績が産み出されているのかと思うと、感慨を禁じ得なかった。先生は、決まった時間に食事をとられ、決まった時間まで休憩され、決まった時間から机に向かわれると、先生のために料理を準備される品のいい女性が教えてくれた。熱海のマンションでも、「一定刻主義者」を実践されていたのであった。

＊＊＊＊＊＊＊＊＊＊＊＊＊

中山先生のお教えは、「百千万劫にも逢い遇うこと難し」ものであったと思う。感謝を表す言葉を見出すこともできないまま、ただ心からのお礼を申しあげさせていただきたい。再合掌

(同志社大学教授)

中山先生への謝辞

白 井 諭

　中山研一先生には、刑法読書会と大阪刑事訴訟法研究会でご指導いただきました。私は刑事法学を志したときから、中山先生の『口述刑法（総論・各論）』や『概説刑法』などで勉強させていただきましたが、他方では、中山先生が関西の刑事法学における中心的な存在でおられることも存じておりました。そして、私が関西の大学に奉職して研究会に参加するようになったときも、中山先生からご指導いただく機会を得られたことを嬉しく思いました。

　実際に、私が研究会で報告させていただいたときも、中山先生から厳しく暖かいご教示をいただきました。2010 年 11 月に行われた刑事訴訟法研究会の報告で、私は捜査段階における検察官の役割について、合衆国の職務倫理規定を紹介しつつ、（公訴の提起・維持を主たる職責とする）「公訴官」の役割を果たす検察官がいかなる程度まで捜査権限を掌握・行使すべきかをもっぱら理論的な観点から検討しました。しかし、ちょうどそのとき「厚生労働省元局長無罪事件（郵便不正事件）」の捜査に際して大阪地検特捜部が証拠を改ざんし、それを組織内部で隠蔽したことが社会問題となっていたこともあり、中山先生からは、現在における検察の実態を踏まえて議論を展開していく必要があるという旨のご指

摘をいただきました。古いデータや理論を収集・分析するだけで満足してしまい、とかく最近の動向に疎くなりがちな私にとって、実務の状況を精確に把握したうえで着実に理論を構築していくことの重要性をご教示くださったのは中山先生でした。

　周知のとおり、中山先生は刑法・刑事訴訟法・刑事政策という刑事法の伝統的な枠にとらわれず様々なテーマを幅広く検討され、ときには現代的な問題に対しても鋭い視点から精力的に主張・提言をされていました。近時の検察問題に関しても、警察による密室での自白誘導という伝統的な捜査手法が裁判員制度導入以降もなおそのままの状態となっていることを批判され、検察官の「公益の代表者」としての職務倫理や取調べの「全面可視化」についてのご意見を積極的に提示されていました。またその他の問題でも――死刑問題・戦争問題から（例えば原発問題のような）時事問題に至るまで――権力側の姿勢に対し、「専門家」として徹底的に現状分析を行ったうえで、鋭い批判をところどころで展開されている印象を受けました。私も、近年の立法・政策において権力側が自分たちの意に沿う「市民の要求」のみを採り入れる一方で、専門家の良心的かつ理性的な知見が等閑視されがちになっている状況に憂慮し、「専門家」として権力に屈することなく積極的に知見を提示していけるようになりたいと考えているつもりではありますが、大学教員の職を得たことでますます「専門家」としての活躍を期待されるようになってきている現在でもなお、そのようにできるだけの力量を持ち合せるに至っておりません。近時の法学研究の全体的動向については中山先生がつねに憂慮されていたところではありますが、先生の著書が数多く置かれている書棚を前にして、中山先生が最後まで持っておられたバイ

タリティに敬服せずには得られません。研究会や著書などを通じて中山先生からいただいたご教示を忘れることなく、「専門家」としての期待に応えられるよう日々精進してゆきたいと思います。

　私が中山先生に直接お会いできたのは最後のわずかな期間に過ぎません。しかし、その間も含め、刑事法学を志してから現在に至るまでに中山先生からいただいたご学恩は計り知れないと考え、追悼文を執筆させていただいた次第です。

　ほんの短い間でしたが、本当にお世話になりました。

（大阪経済法科大学専任講師）

中山研一先生のご逝去を悼む

鈴 木 茂 嗣

　中山（乾）研一先生は、2011年7月31日午後10時過ぎ、大津市民病院で肺がんのため急逝された。享年84。ご長男によれば、死の直前まで論文執筆の意欲は衰えなかったという。刑事法学を専攻するものとして、貴重な先輩を失い残念な思いである。

　先生と私の関係は、京都大学法学部の学生時代、当時助教授であった先生に外国書講読（英語）を教えて頂いたことに始まる。それゆえ、先生と同世代の先輩刑事法学者には「さん」付けで呼ばせてもらうことも多いが、中山先生については、ずっと「先生」という敬称付きでお付き合いさせて頂いてきた。1961年に私が京都大学法学部助手になってからは、同じ職場の先輩・後輩ということで親しくご指導いただいた。先生は、1927年の生まれで、私とは丁度10歳の年齢差であった。恩師の故平場安治先生と私とは20歳違い、また故佐伯千仭先生とは30歳違いということもあり、私自身が京都大学で刑事法を専攻するに至ったことに何か因縁めいた感想をもつことも少なくなかった。1964年に私は神戸大学に移籍し、73年に京都大学に助教授として戻ったが、その間も、研究会等で中山先生から親しく教えを受けることが少なくなかった。とくに佐伯先生や平場先生を中心とした刑法読書会や京都弁護士会の有志とも連携し研究者のほか当時は京都

修習の司法修習生なども出席して開かれていた刑事判例研究会などにおいては、中山先生も私も毎回出席組であったため、色々と教えを受けることが多かった。中山先生の議論は明快であり、複雑に交錯する議論を分かりやすく整理・解説する力量においては、まさに天下一品といってよかった。この特色は後に出版された『口述刑法』各論や総論にも、如実に表れているといえよう。

　中山先生は、1982年に京都大学から大阪市立大学に移籍され、大阪市立大学定年後は、1990年から1998年まで北陸大学法学部教授を務められた。先生が大阪市大に移られた遠因の一つはいわゆる「中山問題」であった。これは、先生が職員組合の委員長をされていた当時に新左翼系の学生と職組の間にトラブルがあり、先生の刑法各論の授業が過激派学生によって妨害されたという事件をめぐる問題である。妨害の影響は教授会にも及び、やむを得ず学外で教授会が開催されるという事態に至ることも少なくなかった。トラブルの原因は、1972年末の衆議院総選挙に当たり社会党から出馬しようとしていた某弁護士の事務所から支援要請を受けた職組が、新左翼系学生の刑事事件の弁護を同事務所の弁護士が引き受けていることにつき公開質問状を出したことにある。これは新左翼系の学生の弁護権を否定するものではないかとして、刑事法学者である中山職組委員長の責任を追及する学生達が中山教授の授業の妨害に及んだという事件である。このときの中山先生の対応がいまひとつ明快でなく、授業妨害問題にどのように対処すべきについては教授会でも様々な意見が噴出した。刑事法学者としては弁護権問題について自己の見解を明らかにして真正面から妨害に対処すべきではないかと考えた私も、教授会で中山先生の対応にかなり批判的な意見を述べた覚えがある。中山先

生の授業は学生の間で人気が高く、妨害された正規の講義に代えて有志の学生に対して学外でゼミ形式の講義が行われ、その状況を記録した録音テープを基にして『口述刑法各論』の初版が出版された。

このような経緯があったにもかかわらず、中山先生とは、その後も研究会でご一緒する機会が多く、様々な議論を交わし引き続き親しく教えを受けられたことは、私の刑法学の思索にも強い影響を与えている。研究会その他での先生の態度は、誰に対しても極めて温厚かつ丁寧であった。また、早くから IT に関心を持って、ワープロにもいち早く親しんでおられ、多彩な問題にわたって数多くの著書、論文を公にされた。大学定年後はブログも立ち上げられ、日常の生活や時事問題につき率直な叙述をされるとともに、専門にわたる各種の質問や意見にも懇切丁寧に対応されていた。折に触れてブログに掲載された写真などにも、中山先生の多才ぶりがうかがわれる。

中山先生は、直接には瀧川幸辰先生の門下であったが、実質的にはむしろ佐伯千仭先生や平野龍一先生の学問系列に繋がる結果無価値論者であった。そして、犯罪論体系には犯罪の構造論的アプローチと認定論的アプローチがあるとし、両者とも大切だとしつつも、結局は犯罪の構造論や本質論は認定論のためにこそあるとされた。しかし、刑事訴訟法学を専攻し長らく犯罪の認定論にも多大の関心を抱いてきた者として、実体刑法学者の本領は認定論ではなく、むしろ犯罪の本質論・構造論にこそあるべきだとの信念があったため、中山先生の古稀祝賀論文集には、「中山博士の認定論的犯罪論体系について」と題する中山説批判の論文をあえて寄稿した。私としては、返討ちで深手を負うことも覚悟して

気を引き締め議論を挑んだつもりであったので、これに対する中山先生からの厳しい反論を期待したが、正面からの反応は一切なかった。これは中山先生流の一種の温情なのかと思いつつも、真剣勝負を期待した研究者としては、物足りなく歯がゆい思いをしたことも事実である。日常生活での気配りと優しさ、人付合いがよく面と向かっての喧嘩を好まれない先生の気性が、学問の世界でも顔をのぞかせたということなのかもしれない。先生の温顔に接する機会の失われたことを残念に思いつつ、先生のご冥福を心から祈るものである。

(京都大学名誉教授)

[注記] 本稿は、京都大学法学部の有信会誌に寄稿した追悼文と同一であり、同誌の了解を得て本追悼文集にも寄稿したものであることをお断りしておきたい。

中山先生を偲んで

須之内　克彦

　まったく筆舌に尽くし難いほどの大恩ある先生が逝かれたことは未だに信じられない部分がある。8年前より独り東京へ出て、刑法学会か冬の関西部会くらいでしかお会いしない現在の私にとっては、今なお精力的にご著書やご論考を発表されていた先生を紙上でのみ拝見して、てっきりご健在であるとばかり思っていた。まさに突然の出来事といえる。たしかに、今年度の学会ではお見受けできなかったけれども……。

　ところで、私が先生に師事したのは40年近く前、大学院博士課程に入学を許可されてからである。非常に情けないことに、当時まだ刑法の「け」の字も知らないといっても過言ではない私にとって、先生は非常に畏れ多い存在であった。先生には、まったくぶれのない一貫した、しかもきわめて説得力ある論理の展開によってぐいぐいと迫ってくる印象が強烈にあり、先生は遙かに高くそびえる存在であった。ただ、畏れ多く感じたのはそれだけでなく、他方で、先生のそばにいると、私自身の不勉強を見透かされるという恥ずかしさ、後ろめたさが常にあった点にもその原因があろう。

　しかし、先生には、不勉強な者にとって一面近寄りがたいような部分だけではなく、反面、すべての院生にも分け隔てなく、配

慮の行き届いた非常に温和な部分も見せていただいた。たとえば毎週一度、大学院でのスクーリング後に泉ハウスで実施されていた昼食会における世間的な雑談にも、非常ににこやかに入ってこられたことや、(当時の院生には私を含め、あまり女性に縁のない者が多かったため) 泉ハウスのハウスキーパーの女性をお世話いただいたことなどにも、そのことが現れていた。これらはいずれも遙か遠く、忘れ得ない懐かしい思い出である。また、研究者、教育者としての立派なご姿勢の堅持だけでなく、お子様の教育をはじめとしてご家庭を立派に築かれたことなども、特筆すべきであろう。これについては、私がハウス管理人の時代に、泉先生からしばしば聞かされたものである。もちろん、その点については、先生だけでなく慈悲溢れる奥様のご努力が大きく影響力を持っていたことは周知の事実である。

　ところが、近年は先生のご様子がかなり変わったと感じられるようになった。少なくとも私にとっては、以前のような近寄り難い威圧感に似たようなものはあまり感じられなくなった。その代表的な現象として、久しぶりにお会いすると、単身大都会の法科大学院であえいでいる私をご心配くださり、「よく来たね、いろいろあるだろうが身体に気をつけて頑張ってください。」と、別れ際には必ずといって良いほど、先生の方から私の手を両手で握られるのであった。こんな仕草は以前ではまったく考えられなかったことである。それは、先生の高齢化のせいもあろうが、何よりも奥様がご逝去されておひとりになってしまわれたことが大きく影響していたのは間違いないであろう。

　私は未だに先生の学説からひとり立ちしていない状態である。先生の一連の『口述シリーズ』などのご著書を学部の講義用教科

書として長年利用させていただいていた。それは、先生のお考えに非常に説得力があり、かつ、それが論理整合性を持ったものであることの証左でもあろう。しかし、いくらそうであっても、また、いくら多大の影響を受けているといっても、もうそろそろ、そこからある程度ひとり立ちしなくては本当の意味での弟子ではないという気持ちも常々持っていた。そこで、学部で担当する「各論」だけでも何とか独自のテキストを作らなければと数年前から考えていた。虫の知らせといえばあるいは不謹慎かもしれないが、このほど、遅ればせながらようやく日の目を見ることになった。しかし、相変わらず先生の影響からほとんど抜け出せていないことを改めて感じさせられている。また、その拙著『刑法概説各論』を先生の許へお届けできたのは、ご逝去される10日ほど前であった。したがって、おそらくは拙著を先生にはご笑覧いただけなかったであろう。貴重なご批判を仰ぐためにも、もう少し早く公刊しておけばと残念でならない。不肖の弟子として、またまた悔やまれる事態を惹き起こしてしまった。

　しかし、後悔は先に立たずで、悔やんでばかりでは前に進めない。また、このままでは先生から厳しいお叱りを受けることになろう。いずれにしても、なお計り知れない学恩を肝に銘じつつ、これからも私なりに精進しなければならない。いまはただ、彼の地で奥様に再会され、永遠の安息の日々を送られることを祈念するしかない。　　　　　　　　　　　　　　　　　〜「合掌」〜

(明治大学教授)

中山先生の思い出

関 口 和 重

　私は中山先生が教授になられて最初のゼミに入りました。10数人程度のゼミで、先生の研究室で何度かゼミが行われました。気さくで明るい先生のお人柄により、家庭的雰囲気の中で自由な質問や討論をしたことを思い出します。先生から御教示いただいた客観主義的考え方や文化規範の考え方は、卒業後、行政にたずさわる中で私の基本になりました。

　今はただ、お若くて溌剌としたお姿が目に残っているばかりです。先生、本当にありがとうございました。

（公益財団法人　東京防災救急協会理事長）

お別れの前に

関　哲　夫

中山研一先生
先生に　お別れをいわなければならないのは
親しい人と無理矢理に引き離される心境に似て
ただただ口惜しく　残念です
先生に直接ご指導いただいた身ではありません
その意味で　先生と近しい関係にあったわけではありません
でも　なぜか
先生を遠い存在とはずっと思っておりませんでした
わたくしにそのように思わせたのは　先生なのですが
――覚えていらっしゃいますか　先生
30年前の1981年12月に
「社会的価値秩序原理の一考察」（1979年）と
「住居侵入罪の保護法益・序説」（1981年）の抜刷を
おそるおそる　送ったとき
――若い研究の徒が　大先輩の先生方に抜刷を送るときの
　　「おそるおそる」という気持ち
　　わかってくださいますよね　先生
先生は　ほどなくご返事をくださいましたね
判読するのに少し時間のかかる　癖のある　小さな字の年賀状で

先生が書いて下さったまま　句読点もそのままに記します
——先生に　思い出していただきたいですから
　「謹賀新年
　　先日は　御論稿の抜刷2篇頂き　有難う
　　問題意識はわかりますが．できればあまり広がらないように．具体的問題での結論のわかれるところを．ずっとつめてフォローされたらと思います．余り早く結論を出される必要はなく．若い時は少し沈潜をされたらと思います．住居侵入罪は議論あるところですので．さらに深めて（外国の比較法も含めて）研究して下さい
　　ではお元気で」
若い研究者にとって　お葉書でもお手紙でも
著書や論文でしか知らない先生からいただいたとき
よろこびは格別なんですよ
わかってくださいますよね　先生
それは　研究生活を始めたばかりの不安感を和らげ
励みとなることだってあるのです
——先生に倣って　わたくしも
　　若い研究者から抜刷を頂いたときは
　　できるだけ読後の感想とともに
　　返事を差し上げるようにしているのですよ
でも　当時のわたくしは
先生が記した「沈潜」という言葉がとても気になって
しばらく考え込みました
今なら　この言葉の意味は　はっきりと納得できるのですが
——「研究とはこつこつと積み重ねていくもの

とくに若いときは地道に静かに研究を続けなさい」
それからも　先生は
著書や抜刷をお送りするたびに
ご返事をくださいましたね
必ず「宿題」をほのめかすことを忘れずに
──覚えていらっしゃいますか　先生
「住居侵入罪の保護法益・ドイツの学説状況」(1987 年) のときは
　　「ドイツの議論は有意で誘発されました．とくに事務所や万
　　引目的のケースなど．日本でも今後議論されるべきところ
　　でしょう．
　　　各論のこの稿の問題について本格的なお仕事をされるよう
　　期待しています．」
という言葉を添えて
また「いわゆる機能主義刑法学について」(1992 年)
『住居侵入罪の研究』(1995 年) のときは
　　「とくに住居侵入罪の考察の道筋が明らかになって行くこと
　　が期待され論争をよぶことになるでしょう　機能主義の方
　　も小生には興味あるテーマでしたが．各論の実益の差を分
　　析することが重要だと思います」
という言葉とともに
「承諾意思の『潜在的対立』について」(1995 年) のときは
　　「とくに住居侵入罪の承諾意思の潜在的対立について興味を
　　ひかれました．結論は妥当と思いますが．不在者の意思が
　　全く無視されてよいのか．その理由は何かといった点にな
　　お問題がのこるように思われます」
「法の解釈と利益衡量的思考方法」(1998 年) のときは

「目的論的な実質的解釈が　立法の欠缺を補う拡大方向に用
　いられるおそれをわたくしは感じています．それにしても
　最高裁の判例の理論水準が問題で．大審院の方がよかった
　と思われてなりません」

『刑法解釈の研究』（2006年）のときは

　「久し振りに刑法解釈の基本的な論題について．歴史的な論
　争を整理されたものを拝見し．なつかしい思いがします．
　形式と実質の乖離がますます問題となる現在．これまでの
　論議をまとめられた意義は大きいと思います．ただもう少
　し『私見』を展開して頂ければと思いました」

という言葉とともに

必ず「宿題」を与えてくださいましたね

——覚えていらっしゃいますか　先生

そして　『少年法の解説』（新訂版・2009年）のときは

　「賀正

　　一月も十日をすぎました　早いものです

　　さて此度は．新訂版『少年法の解説』（一橋出版）をお送り
　頂きありがとうございました

　　少年法には改正の嵐が吹きやまず．少年法の精神が後退し
　ていくのが残念です

　　その積極的な面を実証していく努力の必要性を感じるとこ
　ろ

　　とりあえず　一言お礼のみ

　　小生　上記に転居しました　びわ湖畔です」

わたくしは　先生から与えられた「宿題」を意識しながら

それをこなすのに精一杯だったかもしれません

でも　これが
先生からの最後の「宿題」になってしまいました
大震災と　それに引き続く原発事故のあった　この深刻な年に
先生は逝かれました
そのことに何か意味を見つけようとしている自分がいます
わたくしと同じ時空に先生はもういらっしゃらない
その実感は今も持てないでいるのですが
それでも　先生の旺盛な研究意欲による
新たな作品を目にすることができないことで
毎年の学会に先生のお姿を見つけることができないことで
先生の「永遠の不在」を
思い知らされることになるのでしょうか
先生　お別れは言いたくはありませんが
天国で
わたくしたちを
日本の厳しい状況を
見守っていてください

——合掌

（国學院大学教授）

中山研一先生を第二の師として

曽 根 威 彦

　中山研一先生は、私にとり第二の恩師とでも呼ぶべき存在でした。私自身、斎藤金作先生、西原春夫先生の学統に連なり、早稲田刑法学の伝統の中で刑法理論を研究してきました。犯罪論の体系構成においていわゆる「行為論」を採り、共犯理論として共謀共同正犯論を否認するものの「共同意思主体説」を採用するのもその現れと自負しています。しかし、こと違法性、広く犯罪の本質に関する理解に関する限り、中山先生の説得力ある学説の影響の下で、規範論を基礎に行為の違法性を祖述する立場を離れ、法益侵害・危険を中核とする結果無価値論を採用するに至りました。

　中山研一先生は関西、私は東京と活動の場を異にしていましたから、直接先生にお目にかかって教えを乞う機会はそれほど多くありませんでしたが、刑法学会でお会いした際には優しくお声をかけていただきましたし、また、何かの折に早稲田大学にお越しいただいた際には中山刑法学の神髄に触れるお話を伺うこともありました。しかし、それよりも何よりも、学界の同僚・後輩を圧倒してやまない、中山先生の長きにわたる思索と研鑽から生み出されたおびただしい数の珠玉の名品が、私の刑法研究に及ぼした影響には計り知れないものがあります。

中山理論の刑法思想を一言で表現すれば、それは「社会的弱者に対する優しい目差し、気遣い」ということではないでしょうか。刑罰権を行使する国家と受刑主体である行為者個人の関係を規律する刑法にあっては、犯罪から国民の利益をいかに保護すべきであるかという課題とともに、司法の場に高圧的な力をもって立ち現れる国家に対して、いかに被告人の権利・自由を保障するかが最重要の課題となってきます。中山研一先生は、生涯をかけてこの後者の問題に取り組まれたといっても過言ではないと思います。山中敬一教授は、中山説に代表される見解を「現在の国家権力を『悪』と捉える立場から……古典的自由主義的社会観にもとづき、刑罰を害悪とみて、それをなるべく謙抑的に行使すべきだとする立場」と評していますが、表現の適否はともかく、中山先生のお考えの核心を衝くものと言えるでしょう。

　中山研一先生は、また、教科書をはじめとするご著書の中で、しばしば拙著や私の愚考の一端を引用・紹介して下さいました。思い返せばまさに汗顔の至りですが、これも先生の若輩へのご配慮としてその学恩に深く感謝し、ここに先生を偲ぶよすがとさせていただきます。

　2011 年 11 月

（早稲田大学教授）

二人の恩師と不肖の弟子

武 田　　誠

　私は、二人の師匠をもつことができたと思っている。中義勝先生と中山研一先生である。

　私が、現在まがりなりにも、研究者のはしくれでいられるのは、両先生に巡り合えたからである。研究者としての私は、両先生のお考えを吸収することによって形成されたのである。かつて両先生は、論文等を通じて、「中、中山論争」を展開された。当時私は、両先生の論文を拝読したのはもちろんであるが、中山先生にお目にかかれる機会には、「中先生はこのように仰っていますが、先生はどのようにお考えになりますか」と質問したものである。そのあとで私は、両先生のお考えを突き合わせて、自分なりに、考えをまとめようとしたのである。

　現在私は、結果的には、「結果無価値」論に立脚した見解を是としている。しかし、私の研究歴は、中先生の行為無価値論、中山先生の結果無価値論の比較、検討に基づいた、曲がりなりにも自らの考えを模索する、情けなくも長い、苦難の道であったようである。

　現在でも、刑法の講義中に、行為無価値、結果無価値というテーマに触れるときには、中先生であればどのようにお考えになったであろう、また逆に、中山先生ならば、と心の中で自問しなが

ら話を進めることが少なくない。両先生は、私にとって、かけがえのない「恩師」であった。早くに第一の師匠を失っていた私は、このたびの第二の師匠（と私が思っている）中山先生のご逝去の報に接し、学問上の両親を亡くしてしまったという感に捉われている。

　私が、中山先生の梅ヶ丘のご自宅に足しげくお伺いすることになったきっかけは阪神大震災であった。西宮で罹災したわが一家は、一時期、京都の南区で過ごすことになったが、その住まいが、先生のお住まいであった長岡天神の近くであった。

　それ以前、研究会の折、あるいは時おり、ご自宅にお伺いして、先生のお話を伺う機会もあったのであるが、私にとって先生は近づきがたい存在であった。ところがお近くに住むことになり、厚かましくもお伺いすることになった私を、先生は快く迎えて下さった。そのご厚意に甘えて、京都で過ごしていた時期、私は、自転車で、ご自宅にお邪魔し、先生のお話を伺うことを大きな楽しみとしていた。そのとき以後、それまで何か遠い存在と思っていた先生が、私にとって急に近い存在に感じられたものである。

　その折、先生だけでなく、震災にあって困っているであろうと心配してくださった奥様も、われわれに大変なお心づかいをしてくださった。これもまた、忘れることができない思い出である。

　私は、それ以後の私の歩みは、中山先生を除いては考えられないといっても過言ではないと思っている。私の最初の論文集は、梅ヶ丘のお住まいに通っていた折に、先生に激励されて纏めたものであり、その駄作を成文堂から出版してくださるよう手配してくださったのも、当然ながら、先生であった。私が北陸大学に就

職することになったのも、先生とのつながりであった。私の研究者としての出発は、先生の後押しがあってのことだったといえる。のちに、先生ご夫妻が金澤に来られた折、当時の自宅にご夫妻をお招きしたが、お二人がおかえりになるときに「本当に良かったですね」とお喜びいただけたことも、忘れられない思い出である。

その後私は、金澤から東京に移ることになったが、その間、拙い論文は必ず先生にお送りしご指導を仰いできていた。東京に来てからは、お目にかかれる機会が少なくなってしまった。先生が東京に来られた折に、二、三度、お会いしたが、今となっては、私が大津にお伺いすべきであったと悔やむことしきりである。最後に先生のお声を電話でお聞きしたのが今年の三月ころであったと思う。

先生は私に、「あなたは、私の弟子ではないんですがね。」と何度かおっしゃったことがある。しかし、なぜかそんな関係になってしまいましたね、と先生は笑っておられた。私にとって、先生は恩師である。そう申し上げても先生は拒絶されないだろうと思う。ただ、その恩師にとって、私はいまだに不肖の弟子でしかない。私は、今この文章を書きながら、今後の研究者としての生活で、わずかでも先生に近づく精進をしなければならないと自戒している。

（國學院大学教授）

「ありがとうございました」

田 坂　　晶

　謹んで、中山研一先生のご逝去を悼み、お別れの言葉を申し上げます。

　中山研一先生ご逝去の悲報に接し、驚きとともに深い悲しみに包まれております。中山先生には、学生時代から今日に至るまで、大変お世話になりました。

　私が大学院後期課程に進学してはじめて研究会に参加させていただいたとき、今までお会いしたことのなかった先生方・先輩方ばかりでとても緊張していた私に、「こんにちは」と優しい笑顔でお声をかけてくださったのが中山先生でした。私の研究分野が医事刑法ということもあり、修士課程に在籍していた時から中山先生のご著書やご高論は拝読させていただき、お勉強させていただいておりました。その中山先生に直接お目にかかることができ、しかも、優しくお声を掛けくださって感動したのを覚えています。一本目の論文を公刊する機会に恵まれ、抜き刷りをお送りさせていただいた際には、拙い研究であるにもかかわらず、非常にご丁寧にご高覧いただき、たくさんご助言をくださいました。その後、私の研究をお気にとめてくださり、研究会などでお会いするたびに進捗状況を尋ねてくださり、先生ご自身のお考えなどをお聞かせくださいました。中山先生とお話をさせていただくた

びに自分ひとりではみつけることができなかった問題点や新たな切り口を発見でき、研究を一歩前に進めることができました。

　また、研究会では、中山先生が説かれる説得力のあるご見解に直接触れることができ、刑法学における問題点や裁判例の読み方など、いつもお勉強をさせていただいておりました。研究会で私がご報告の機会をいただいた折には、あたたかくも厳しいご指摘をいただきました。未熟な私に対しても、いつもご親切に接してくださり、いろいろ教えてくださった中山先生のお姿からは、学問に関してはもちろんですが、学問以外のことに関してもたくさんのことを学ばせていただきました。

　ここ数年来、おからだの調子がよろしくないとお聞きし、心配をしておりました。また研究会でお元気なお姿を拝見し、ご教示をいただける日を楽しみにしておりましたが、私自身も校務で研究会への出席がままならないまま、その希望も叶いませんでした。もっとたくさんのことを中山先生に教えていただきたかったと、残念な思いでいっぱいです。

　中山先生からいただいた多くのお教えを胸に、今後は、研究・教育にさらなる研鑽を積んでまいりたいと思います。

　中山先生のご冥福を心よりお念じ申し上げます。

（島根大学准教授）

中山研一先生のご逝去を悼む

立 石 二 六

1 2011年8月3日、関西・中国地方への出張から京都へ帰着した日の夕刻、中山研一先生の訃報に接した。茫然自失の想いであった。その夜がお通夜であることを知り、4日に大学の都合で告別式に参列できない事情もあって、とるものもとりあえず、お通夜の会場へかけつけた。中山先生の出版物と深い関わりのあった成文堂の土子三男重役ほか幾人かの顔見知りの方々をお見かけしたが、旧知の方々と多くの語らいの時をもつこともなく、ご霊前に焼香をして会場を後にした。淡白な先生とのお別れであった。

2 刑法学会でお会いする度に先生は優しい言葉をかけてくださった。中央大学を定年退職後京都女子大学へ奉職して、京都女子大学に日本初の女子大法学部を創設すべく奔走していたわたくしに、中山先生は、自分にできることがあったら何でも相談にのるから遠慮なく申し出るように、また、琵琶湖湖畔のご自宅に訪ねてくるように、と度々あたたかいメールをくださった。「落ち着いたらご挨拶にお伺いさせていただきます」と申し上げてついに一度もお伺いすることがなかった自分の愚かさを今は心の底から悔いている。ご教示いただきたいことが沢山あっただけに取り返しのつかないことであった。

3 刑法学者としてわたくしの生きた時代は、行為無価値論と結果無価値論の厳しい対立の時代であった。中山先生は、結果無価値論を最も貫徹した体系書を書かれた方であり、結果無価値論の最も徹底した主張者であられた。わたくし自身は行為無価値論の立場を採るが、中山先生のご著書からどんなに沢山のことを学ばせていただいたか計り知れない。中山説には理論としての清々しさがあった。解釈学者としての類まれな論理整合性が厳然として存在した。中山先生ほど、多くの問題意識をもち、多方面にわたって健筆を振るわれた研究者をわたくしは他に知らない。学者は自分の学説に命をかけるものという。そういう学者は少なくなった。しかし、中山先生は、最後のご著書までそうした姿勢を崩されなかった。中山先生の学問に対する姿勢はまさに学者の鑑であった。

 4 中山先生のご逝去は、先生の存在が偉大であっただけに、一つの時代の終焉を実感させる。先生ほど学問に対して真摯で自らに誠実な研究者はもはや二度と現れないかもしれない。先生は、学問に対する自己の厳しさをさりげなく温容につつまれ、接する他者に対しては常に寛容であられた。学問においても、ひととしての生き様においても、まことに多くのことをご教示賜った。今はただ、御恩の深さをこころより深謝し、中山研一先生のご冥福を衷心より祈念申し上げる次第である。

(京都女子大学教授)

中山先生と「医療と法」関西フォーラム

田 中 圭 二

　正確な日時は覚えていないが、平成12年の12月頃に、大阪市のある料亭に、大阪大学医学部法医学教室の的場梁次教授、大阪弁護士会の小川雄介弁護士、そして、当時、香川大学法学部の教授であった私が集まった。的場教授と小川弁護士は、この時が初対面であった。両人共、私の知人で、日頃から、両人に、主として医療過誤問題について、法学者、弁護士、医師をはじめとする医療関係者で、理論的および実務的な面から研究する研究会の設立を提案していた。それならば、一度、3人で会って、設立や研究会の骨子等を話し合おうということで、この日の会合となったのである。

　研究会の名称は「医療と法」関西フォーラムとした。運営は、われわれ3人がするとして、どなたに会長や副会長をやっていただくかという点が、この会合で一番の問題となった。検討した結果、副会長は、その時々の阪大の病院長にお願いすることに決まった。会長は、医療と法の問題に造詣の深い中山先生にお願いしてはということになった。先生は、多くの研究会を主宰しておられたので、無理ではないかとも思ったが、翌日、先生にお願いしたところ、他の研究会と重ならない日に、この研究会を開いてくれるのであれば、やりましょうと快諾された。つぎに発起人にな

っていただけそうな人にお願いして、20人の方が快諾された（医療系9名、法学系7名、弁護士4名）。

かようにして、中山会長と当時の病院長の松澤佑次副会長率いる当研究会が発足し、平成13年3月17日、第1回研究会が開かれた。爾来、今日に至るまでの10年間、ほぼ定期的に開いている。中山先生は、お忙しいから、時々は欠席されるのではないかと思っていたが、毎回、時間通りに来られて、司会をされたり、熱心に討議されたりした。その姿に、われわれは、会長としての責任感の強さと、研究への熱意を強く感じ、なんとか、当研究会を末長く続けるようにしなければならないと思った。時々、中山先生は、自分ももう年だから新しい会長を探すように言われたが、的場教授が、中山先生が会長しておられるからこそ、この研究会が続いているのだと言って、なんとか、このまま会長を続けてほしいと先生に頼むように私に言われた。

たしかに、長岡京市や大津市から阪大の医学部まで出てこられるのは、大変で少々お疲れであったかもしれない。しかし、マリリン・モンローやロバート・ケネディーの遺体を解剖したことで知られるロサンゼルスの検視局のトーマス・野口博士（この人は、元々は日本生まれの日本人である）が所用で来日された時に当研究会で講演してもらった後、同博士は、日本の「居酒屋」というところで焼酎を飲みたいと言われたので、同博士、中山先生そして当研究会の会員と一緒に千里の居酒屋へ行った時のことであるが、中山先生と野口博士が意気投合されて、先生もけっこう飲まれ、その帰り道で「なあ田中君。トーマス・野口さんは、僕と同年令で、まだ現職らしい。同い年の僕も、がんばらなくっちゃと思ってる。今後も、この研究会で頑張るからな」と言われた。

このことを聞いて、中山先生率いる当研究会は、今後も、健在に続くと確信した。

当研究会には、学生もまた参加していた。香川大学の私のゼミ生は、私の師匠が中山先生であることを知っていた。学生達は、その先生が会長をしている当研究会で心臓移植やメタボリック症候群の治療等で有名な阪大医学部の教授達が発表されることを知り、当研究会に参加したいと言ってきた。参加を許可したところ、ほぼ毎回、高松からバスに乗って、阪大まできていた。そのうちに、神戸大学法学部の学生や阪大医学部の学生も参加し、そのなかには、中山先生の教科書に先生のサインをもらって喜んでいる者もいた。学生を可愛がり気さくな面倒見のよい中山先生の人柄が、ここでも見られた。その頃の学生で、司法試験に合格した者や弁理士を目指している者が、今では、会員となって出席している。

当研究会は、本年で設立10年周年を迎え、その記念行事として、平成23年10月15日に、大阪の阪大中之島センターで「医療関連死検証システムの構築に向けて」というタイトルでシンポジウムを開催した。もちろん、中山先生も、出席すると言っておられ、最初に挨拶をしていただくことになっていた。しかし、残念ながら、7月31日に逝去されたので、10月15日は、黙祷を捧げた後、阪大法医学教室が準備した中山先生の遺影のもとで、シンポジウムを無事終えた。

中山先生が亡くなられたので、しばらくの間は、的場教授を会長代行とし、前記小川弁護士も私も的場教授を補佐して、当研究会を続けてゆくことになった。現在、当研究会の会員は、医療系29名、法学系17名、弁護士17名、その他1名の計64名となっ

ている（刑法読書会の浅田・松宮両教授も会員である）。設立当時から比べると、会員数も増え充実してきているのは、ひとえに中山先生の責任感と熱意によるものであり、われわれは、このことを忘れることなく、当研究会に尽くしてゆくつもりである。中山先生、私は先生の不肖の弟子でしたが、どうか当研究会を見守っていて下さい。

(香川大学名誉教授、現在、滋慶医療科学大学院大学教授、弁護士)

近寄りがたかった中山先生

田 淵 浩 二

　私は中山先生が大阪市立大学の教職に就かれていた時期の1987年4月に、大阪市立大学大学院に入学したことが先生と出会えるきっかけとなった。地方大学出身である私にとって、それまでは中山先生は刑法の教科書を通じてのみ知る遠い存在であった。学部時代に所属していたゼミの指導教員の庭山英雄先生に、研究者を目指し進学したいことを相談した際、関西の大学院の方がきちんと指導してもらえるだろうというアドバイスをもらい、既に中山先生が赴任されていたこともあって、大阪市立大学の大学院を受験することに決めた。主専攻科目である刑事訴訟法と学部時代よく勉強したと勝手に思っていた刑法を専門科目として選択したが、刑法は不満足な答案しか書くことができなかった。ちなみに、刑法の入試問題は事実の錯誤と違法性の錯誤の区別を問う内容だったように記憶している。入学してから分かったことであるが、その時の刑法の出題・採点は中山先生であり、先生からは厳しい評価をいただいたことを聞き、冷や汗を掻いた。それでもどうにか大学院に合格させていただき、市大には感謝している。

　田舎から大阪に出てきて、せっかく大学院で本格的に法律の勉強をする機会を得たのだから、もう一度刑法についても勉強をや

り直したいと思い、浅田和茂先生に授業を開いていただいた他、中山先生にも大学で初めてお会いした際、大学院の授業を開いてもらえないかお願いしてみた。ところが、実にあっさりと、大学院の授業はしないので読書会とかの研究会に出てくださいと断られてしまった記憶がある。入試で刑法の出来が良くなかったのを引け目を感じていたこともあり、この一件以来、「何だか近寄りがたい先生」というのが、私の中山先生に対する第一印象になってしまった。結局、大学院在学中、中山先生からは一度も直接ご指導を受ける機会を持つことはなかったものの、読書会や刑事判例研究会には参加させていただくことができた。毎回、中山先生は報告者に対して何らかのコメントをされていたので、確かに中山先生のおっしゃったとおり、研究会への参加により、先生の考えを拝聴する機会を得ることはできた。

　就職してからは関西の研究会に通わなくなり、中山先生とは刑法学会や関西部会の際にしかお会いすることがなくなってしまった。お会いできても挨拶程度のやり取りしかしなくなってしまった。それでも大学院の先輩であった川口浩一氏（現在は関西大学教授）を通じて、ときどき中山先生の関心事項や近況を知ることはできた。それから十数年を経て、2008年の刑法学会の分科会（テーマは裁判員裁判に関するもので、私も共同研究者の一人として参加していた）が終わった後、一度だけ、中山先生の方から声をかけていただき、今回の分科会はよかったと握手を求めて来られたことがある。その頃は既に中山先生は教職からは退かれ、ブログを開設されて自由に発言されていた時期である。その時、中山先生は、自分も今、裁判員制度の勉強を行っている。死刑制度を残したまま裁判員裁判を開始することは問題だという趣旨のお話

しをされたのを覚えている。きっと中山先生のことだから、裁判員制度の在り方についても論文を連載し、本にまとめるくらいの意欲を持たれていたのであろう。大学院生のころ抱いていた、少し近寄りがたいような苦手意識もいつしか感じなくなり、これから気兼ねなく中山先生に質問ができそうだという時に、既に先生は他界され、結局、近寄れないままであった。もっと以前から先生にお会いした際に、積極的に教えを請おうとしなかったことが悔やまれてならない。

（九州大学教授）

中山研一先生を偲んで

辻 本 典 央

　また一つ、我が刑法学界の巨星が墜ちた。中山研一先生の訃報を聞いたときに抱いた、私の率直な気持ちである。もっとも、私が刑法学の研究者を志して以来、こういった訃報には何度か接してきたが、これまではいわば雲の上の人の出来事であった。しかし、中山先生とは、お目にかかって直接にご指導を仰ぐ機会も多かっただけに、先生のご逝去は、私にとって、現実的な出来事として、深い悲しみを誘うものとなった。

　私は、学部生の時代に、立命館大学で開かれていた中山先生の「刑法総論」の授業に出席していた。履修登録は別のクラスでしていたのであるが、同級の友人から非常に高名な先生であることを聞かされ、半ば興味本位で参加したのである。その頃、私は、司法試験の受験生であったが、中山先生のご見解は、受験生の間では必ずしも「通説」とは位置づけられてはいなかった。それゆえ、当時の私は、生意気にも、先生の授業を聞きながら、逐一批判的な考えをめぐらしていたことが思い出される。

　その後、大学院に進学し、「刑法読書会」をはじめいくつかの研究会に参加するようになると、中山先生とお話しさせていただく機会も増えてきた。研究会の最中は、先生は、率先して質問され、報告者が中途半端な回答をするや、舌鋒鋭く二の矢、三の矢

をもって議論を深められていたことが、思い出される。もっとも、中山先生のご質問は、まれに学会などでみられるような自己中心的なものではなく、常に、報告の趣旨を明確にし、議論の進展を促すとともに、より実践的な方向性も見出すべきものであった。そして、先生は、ひとしきりの議論が終わると、必ずといってよいほど、現在の実務に巣食う問題点を究明することこそが我々研究者の課題であることを説かれ、報告者に対して、報告内容に関する論文を執筆するよう促されていた。先生は、その研究領域にかかわることなく、常に、若手研究者を叱咤激励し、その成長をお喜びになっておられたように思われる。私自身も、そのようなかたちで先生の教えを受けることが多かった者であるが、先生からいただいた教えが活かされているか、常に自戒の念を持って今後の研究生活を続けていこうと思う。

　私は、このようにして、中山先生とは特に研究会の場でお目にかかることが多かったのであるが、私なりの思い出として、二つのエピソードを挙げておきたい。

　第一に、私は、以前、先生から、「君は、研究会にきちんと出席しているね」とお褒めをいただいたことがある。確かに、ほぼ毎週のように開催される研究会にすべて出席するのは、大学院生の時代はともかく、教員の職を得てからは、けっこう大変なことである。しかし、先生からのお褒めのお言葉は、むしろ今後に向けての励ましと受け止めて、今後も研究会への出席を続けていこうと思う。もっとも、かくいう先生ご自身、たいていの研究会にほとんど出席されており、お言葉もさることながら、学問に対する先生のその真摯な姿勢じたいが、我々の模範とされなければならない。

第二に、先生は、晩年、私に「大学で、学生に対して授業をしなくなってから、体調が悪くなったよ」とこぼされたことがある。これは、日ごろ、数多くの授業におわれる我々にとって、非常に重い言葉である。中山先生は、学生を非常に大事にされていた。あるご著書の出版記念パーティが、学生のみを集めて行われたことがある。私は、お手伝いで参加させていただいたのであるが、そこに集まった学生の多さに、非常に驚かされたのであった。先生は、会場を回りながら一人ずつに声をかけられ、和やかに歓談されていたのであるが、そこには、学生を愛する先生の姿が垣間見られた。もっとも、先生が授業を大事にされていたのは、ただ学生と接することが好きだったからだけではない。先生は、授業の準備や、学生との質疑応答を通じて、新たな問題点を発見し、そして学生レベルでも十分理解できるようなことばでご自身の見解を説明することで、ご自身の研究の発展につなげておられたように思われる。このことは、大学で教育と研究の両立を求められる我々にとって、ぜひ見習うべき姿勢であろう。

　おそらく今頃は、中山先生は、天国にある教室で、あの優しい口調のまま、刑法総論の授業を行っておられることであろう。

　　　　　　　　　　　　　　　　　　　（近畿大学准教授）

熱海ハウスにて

土 子 三 男

　中山先生は、はなやかな「さくら」よりも、寒さの中でひっそりと香る「うめ」の花が好きである。と仰っていた。お住まい近くの長岡天満宮にもあるが、熱海にも梅の名所があり、梅園は先生の散歩コースであった。また、冷え性であった先生は、温暖な熱海が気に入り、昭和50年代の中ごろより、大学の休みや東京への出張の折に熱海で仕事をされた。その滞在のなかで、特に印象にのこっていることを書かせていただき、ありし日の先生を偲ぶこととしたい。

　『刑法総論』の執筆がすすんでいた昭和55（1980）年、先生は50歳なかばで、もっとも多忙な日日をお過ごしであった。先生は穏やかなご性格で、片意地を張ったり、不快なことがあっても感情に奔ったり、みだりに雷同することもなく、相手のことも考えながら落ち着いて解決する姿に接してきたが、総論執筆のころの信念を貫くお姿、ぴんと張りつめた空気は、心に秘めていた先生の想いが強く現れるものであった。

　総論執筆への強い想いは、正月2日からの熱海行として実践された。先生は、仕事を成し遂げるには、最初が肝心で、一年であれば、まず年の始めにどのようにスタートを切れるかで、勝負が決まる。を信条とされていた。その後、熱海行は、新年恒例の行

事となっていった。

 2日から熱海へということは、ご自宅には来客がある中で出かけることもあり、奥様にはかなり迷惑をかけていたようであった。電話を入れますと、「中山はいつもこうなのです。ご迷惑をおかけして申し訳ございません。」と、丁寧なお言葉に恐縮した。奥様は、屈託ない聡明な方で、やはり先生の一番の理解者であった。先生方に執筆いただくにあたって、第一に欠かせないものといえば、「奥様の協力」であることを痛感している者として、あのときの奥様の優しいお言葉に、ほっとしたことを今でもよく覚えている。

 さらに、2日から上手くスタートを切るには、最小の単位である一日のスケジュールを、無理なく、長く続けられるような計画を立てることが、もっとも重要である。と仰っていた。熱海ハウスにおける一日は、午前、午後、夜と三つに分け、それぞれ約4時間執筆するというものであった。私は、このスケジュールには、かなり無理があるのではないかと思ったが、先生は、難なく突破されたのである。

 ほかにも、不思議なことがあった。先生は、長時間本を読んだり執筆をしても、眠くなることはないとのことであった。確かにあくびをしているところを見たことがなかった。就寝も夜12時と決めていたが、驚いたことに眠いからではなく、時間がきたから寝るのだと仰っていた。学生の頃身体を壊したので、食事とともに健康管理には、若いときから相当注意しておられたようであった。

 『刑法総論』の執筆は手書きであった。愛用のボールペンで200字詰の原稿用紙に、一日約20枚のペースで桝目をうめてい

った。約2年で脱稿した。3,000枚にも及ぶ大作であった。総論の執筆には、いくつかのハードルがあった。一つは、先生の仕事は総論だけではなく、次々に執筆依頼があり、それも期日を守りこなしていくように決めておられたようである。しかし、出来るだけ総論の執筆に集中するために、他の仕事を絞るだけでなく思いもよらない方法に挑んだのであった。二つは、総論の項目の構成上のバランスをどうとるかという問題があった。得意なところより、苦手とされるところで枚数がオーバーした。手書きの原稿であり、再度書き直しをしたり、調整はかなり大変だった。

　一週間の滞在で上のスケジュールを繰り返す日々が終わり、再び熱海を訪ねると驚くべき結果がまっていた。それは、先の一つ目をクリアするもので、午前、午後と別の仕事をこなし、雑誌への論文も出来ていたのである。いったい先生の頭はどうなっているのだ、と目を丸くした。まさに、定刻主義者の真骨頂を垣間見た思いであった。先生は、これを自慢するでもなく、明日は京都に帰るから、たまった郵便物の整理が大変だと仰っていた。

　集中している仕事を中断して別の仕事を入れることは、かなりの決断がいる。さらに前の仕事にうまく戻ることは、なおのこと大変なことである。先生は、この「切り替え」を見事になしとげられたのである。このことを、編集者（特に雑誌担当）の側からみると、急ぎの仕事をお願いし書いていただくことなので、編集者としての力量をもっとも試されるところでもある。この意味で、まさに、先生は、「編集者泣かせ」とは対極にある「編集者喜ばせ」といえる最右翼の学者であった。多くの編集者が何度も助けられたのは確かなことである。

　成文堂では、この30数年の間に、主なものでも、ほぼ2年お

きに以下のような著作を纏めていただいた。1974年『刑法総論の基本問題』、75年『口述刑法各論』、78年『口述刑法総論』、81年『刑法各論の基本問題』、82年『刑法総論』、84年『刑法各論』、87年『アブストラクト注釈刑法』、89年『概説刑法Ⅰ』、91年『概説刑法Ⅱ』、94年『刑法入門』など。また、論文集では、85年の刑事法研究第1巻『選挙犯罪の諸問題』から始まり、逝去する直前の2011年7月1日に発刊となった第14巻『佐伯・小野博士の「日本法理」の研究』などがあり、入院されても原稿を書きたいと、続きの巻に思いを馳せておられたお顔を、忘れることは出来ない。

　熱海ハウスには、先生が執筆の折に読まれ、赤ボールペンで傍線やメモを入れた本が、今も書架に在る。その本を見ると、今でも「出張の帰りです。」といって、訪ねてきてくれそうな気がする。

　今頃は、先立たれた最愛の奥様に、うつし世の5年の空白を埋めるさまざまなお話をされているころでしょう。先生が彼の岸に旅立たれ5ヶ月、東日本大震災や原発による惨禍の年も間もなく過ぎ行く。そして、あの1月2日が、空しくめぐってくる。

　　　　　　　　　　　　　　　　　　　　（成文堂編集部）

中山先生ご夫妻との思い出

豊川 敬子

　私たち（夫、豊川正明は平成七年に死亡）は中山先生ご夫妻に結婚式の仲人を引き受けていただいて以来、親しくさせていただき、子供が生まれてからも、子供たちを連れて長岡天神のお宅へ、ご挨拶かたがた時々遊びに行かせていただきました。

　中山先生ご夫妻には沢山の外国の友人、知人がおられました。そういう人たちをご自宅へ招待された時には、私が少々英語を話すということで、私にもよく声をかけて下さいました。奥様は大変料理がお上手で、そのような時には私もご馳走をお相伴させていただいて、おいしい楽しい時間を過ごさせていただきました。このような場合以外にも、私は奥様が大好きで、たびたびお邪魔させていただきましたが、いつもお二人でとても喜んで下さり、先生も奥様も話題が豊富な方でしたから、一時間、二時間はあっという間に過ぎました。

　奥様は長く体調を崩されて、次第に酸素吸入が必要な状態になっておられましたが、それでも、お電話をすると、いらっしゃいと言ってくださるので、私はご様子伺いに行かせていただきました。あとで中山先生から「家内は豊川さんが来てくれると元気になる」と言って下さって嬉しかったことはよく覚えています。でも奥様の訃報は突然に届きました。私は「もう一度お目にかかり

たかった。」と言って、先生と手を取り合いました。

　先生がお一人になられてからも、長岡天神のお宅に二度、大津のマンションに二度ばかりお邪魔しました。先生の身の回りのことは全て奥様がしておられたので、お一人になられたらどうなるのだろうと思ったりしましたが、先生は先生らしく、仕事も生活のこともこなしておられるようでした。先生が入院されたと聞きましたが、面会は出来ないということなので、敢えてお電話もせずにいましたが、いま思えば、お話しが出来なくても、一度お電話をさせていただけば良かったと、そのことは心残りになっています。先生は最後まで自分らしく生き、本当に先生らしいご立派な人生だったとおもいます。今頃は彼岸で奥様にお会いになって、ひょっとすると、私の夫もそれに加わって、話を弾ませていればいいなあと思います。ご冥福をお祈りしております。

(故豊川正明弁護士夫人)

中山先生の学恩

豊田 兼彦

　中山先生のお名前を知ったのは、立命館大学法学部に入学した平成4年春のことです。法友会という法律系のサークルに入り、そこで刑法の勉強のための教材として先生の『口述刑法総論』の「第2版」を指定されたのがきっかけです。2回生のチューター役と1回生の何人かが集まって、1年かけて輪読しました。同書は、口述形式で書かれていて語り口はやさしいのですが、「第3版」や「新版」と違って内容は詳細かつ高度なもので、初学者の私には難解でした。しかし、わからないなりにも、読み進めていくうちに、刑法学の魅力にとりつかれていきました。まさに同書によって、私は「刑法にはまった」のです。そして、その後も刑法への学問的関心は尽きることがなく、卒業後はそのまま立命館大学の大学院に進学し、憲法でも民法でもなく、刑法の研究者を目指すこととなり、運よく大学に職を得て、今日に至っています。同書との出会いがなければ、こうして大学で刑法の研究・教育に携わることはなかったでしょう。同書は、私に先生のお名前を知らしめただけでなく、刑法の研究者となるきっかけをも与えてくれたのです。中山先生には、まずはこの点を感謝しなければなりません。

　そして何より、刑法読書会などの研究会を通じて賜った数々の

ご指導、ご助言、そして温かい励ましのお言葉に対しても、感謝の気持ちを忘れてはなりません。先生は昭和2年のお生まれ、私は昭和47年の出生ですから、半世紀近い年齢差があります。形式的に師弟関係にあるわけでもないし、出身大学の先輩後輩でもありません。それでも、他の多くの関西出身の刑法研究者と同様、私も、中山先生から直接間接に刑法学の手ほどきを受ける幸運に恵まれました。

　とくに貴重なものとして今も記憶に残っているのは、大学院に進学した直後の平成8年4月、初めて刑法読書会に参加した日の翌日に、厚かましくも先生のご自宅にお邪魔したときのことです。いろいろお話をうかがったのですが、印象的だったのは、次のようなアドバイスです。「①翻訳も他説の理解も、正確さが大切である。いったん訳や紹介を間違ってしまうと、以降の論文が信用されなくなる。②限られた時間で多くのすぐれた業績を上げるには、継続力と集中力が必要。③慣れてきたら同時進行で複数の仕事をせよ。多くの研究者は教授になってしまうと論文を書かなくなる。そうでないにしても年に1本書けばよい方である。それではいけない。研究は目的であって、教授になるため、あるいは生活のための手段ではないからだ。では、どうすればよいか。絶えず複数の仕事を抱え、1つの仕事の真ん中あたりで次の仕事に取り組む。するとブランクが空かない」。学問一筋で、膨大な数の著書、論文を残してこられた中山先生から、直接、このようなアドバイスを、研究者の道を歩みはじめてすぐのときに頂戴できたことは、誠にありがたいことでした。これは、今も私の大切な宝物です。

　もっとも、現状を省みたとき、宝の持ち腐れになってしまって

いるのではないかと問われれば、ノーと答える自信がありません。①は、時間がかかっても、意識すれば何とかなりそうです。しかし、②と③は、怠惰な私にとっては高いハードルです。とくに③は、「論文」の執筆という点で、すでに耳の痛い話になりつつあります。法科大学院制度がスタートし、そこで私も教えるようになり、教育に割くべき時間がかつてより増えましたが、他方で、ワープロやインターネットなどの情報技術の発達により論文作成の能率は上がったはずですから、法科大学院で教えるようになったことは言い訳にならないでしょう。学問一筋でも才能に恵まれているわけでもない私には、研究といってもたいしたことはできませんが、それでも「私なりにがんばっています」と天国の中山先生に自信をもってお答えできるように、これからも、いや、これからこそ、学問に意識的に取り組まなければならないと思っています。

　中山先生の学恩に感謝しつつ、先生のご冥福を心からお祈り申し上げます。

(関西学院大学教授)

中山さんと二つの研究会

内 藤　　謙

　中山研一さんを想うとき、心にやきついているのは、刑法研究会と刑法理論史研究会における活発なご活動である。

　刑法研究会は、改正刑法草案（参考案第一次案など）の批判的検討を課題に、研究者十数名が参加し、1969年末頃から三年以上にわたり共同研究をした。中山さんは、その有力メンバーとして、一、二か月おきに開かれた研究会に、お忙しいところを毎回出席された。中山さんの発言は、すべての問題について明快かつ冷静であったが、とりわけ印象に残るのは、実行行為概念の弛緩・拡張をつよく戒め、草案の共謀共同正犯規定・間接正犯規定新設などに正面から反対されたことであった。中山さんはその解釈論上の主張を立法論においても貫徹されたのである（同研究会の成果は、平場安治・平野龍一編『刑法改正の研究1・2』として公刊されている）。

　その後、1975年にはじまった刑法理論史研究会にも、中山さんは中心メンバーとして参加された。同研究会は、明治期以降の日本の刑法学の道程を、理論形成の背景にある社会的・経済的・政治的な条件との関連においてあらためて考察することによって、研究の視座を定かにするとともに、今後の刑法学の発展に寄与したいという目的をもつものであった。中山さんは、牧野英一

の刑法理論を基礎理論から解釈論にわたって詳細に検討し、報告された。そして、牧野英一の考え方は、解釈論の分野でも、木村亀二の理論よりもむしろ平野龍一の理論によってかなり積極的に評価され、有効に継受されてきているのではないかという「仮説」を最後につけ加えられた（同研究会の成果は、吉川経夫・中山研一ほか編著『刑法理論史の総合的研究』として公刊されている）。

この二つの研究会は、いずれも泊りがけで行われたので、学界の動向、海外の状況などを中山さんと親しく語り合うことができた。牧野英一の生家を研究会員一同で高山にたずねたのも、今はなつかしい思い出である。

中山さんの学問的精進は絶え間なく続き、『刑事法研究』全十四巻を含む多くの著作に結実した。たとえば、後年においても、心神喪失者等医療観察法について、論議を国会審議にいたるまできわめて詳細に検討し、「隠れた保安処分」ではないかを追求されている（『刑事法研究』第10巻、第11巻）。

このようにして築かれた中山さんの学問的成果は、今後も、刑法学界にとって学び続けるべき遺産になるのである。

（創価大学名誉教授）

中山先生のご学恩

永井善之

　中山研一先生に初めてお会いする機会をいただいたのは、博士後期課程の1年時、初参加の刑法読書会であった1997年8月の夏期集中例会においてでした。古稀をお祝いする論文集が刊行されるお歳であらせられた先生の、例会参加者の方々の報告に対して数々の的確なご指摘ご意見を発せられるお姿は、今でも強く印象に残っております。

　それよりも前、中山先生のお名前を存じ上げることとなったのは、島根大学の学部生として門田成人先生ご担当の「刑法総論」を受講し、刑法学の難解さに基本書類を何冊も探しては読んでいた際に、そこにおける引用文中に常に中山先生のお名前を見出していたことによります。その後、遅蒔きながらも修士課程時に『刑法総論』（成文堂、1982年）をはじめとされる中山先生の数々のご著書ご論稿を熟読したことで、その説かれる自由主義の思想とそれに基づく結果無価値論のお立場に大変強き感銘を受けました。この当時の学びから、刑法理論についてのその後の自分なりの考え方の形成にも多くの影響をいただいております。

　またこの頃には、それぞれの大学の垣根、また、大家の先生方と若き院生との間の身分差をも超えた、刑事法学を探究する人々の貴重かつ極めて充実した討議の場としての刑法読書会、また、

そこにおける中山先生をはじめ諸先生方からの有り難きご指導ご助言などについて、同じく刑法読書会で学ばれてこられた門田先生からも伺っておりましたので、私も是非とも刑法読書会へ参加させていただきたいと願っておりました。それが叶えられたのが前述の夏期例会でした。

出身大学や勤務先の関西からの距離ゆえに、刑法読書会や刑事判例研究会など、毎月の例会は多くを欠席しておりましたが、それでも報告の機会をいただいた際には、中山先生より常に有り難きご指摘ご指導をいただきました。先生はまた、学問以外の場面でも若手の方々へのお気遣いや労いをくださることが常であらせられ、2006年から活動再開のなされた経済刑法研究会においても、その事務局担当たる私などへも常に温かな労いのお言葉をお掛けくださいました。

2007年に自身の所属が現在の大学へと変わりました際には、中山先生にご挨拶状をお送りさせていただきましたところ、直ちに電子メールでのご返信を賜りました。そこにおいて先生より、北陸大学へのご勤務のご経験から金沢が思い出の多き地であることとともに、健康への留意と研究への激励のお言葉を頂戴いたしました。先生のこのようなお心遣いへの感激と感謝は生涯忘れえません。

母校や所属を関西とせず、またもとよりの浅学である私などは、関西刑法学を生成、発展され継受されてこられた諸先生方、同輩や院生の方々に対してまさに末席を汚す者ではありますが、中山先生はこのような者にも何らの分け隔てなく、常に真摯に、刑法学を探究する一人前の存在として接してくださいました。このような中山先生のお姿は、他の諸先生方、同輩や院生の方々に

も共通の、出身・所属や地位を越えて同じ立場での自由な研究をおゆるしくださる、まさに関西刑法学の真髄をご体現されたものと心から感謝しております。

　中山先生のご冥福を心よりお祈り申し上げますとともに、先生より賜ってまいりましたご学恩にお応えできますよう、今後も懸命に勉励を重ねてまいりますことをお誓いいたします。

（金沢大学准教授）

中山研一先生を偲んで

永田憲史

　中山研一先生には、刑法読書会と刑事判例研究会において、御指導を賜りました。

　先生は、まだ駆け出しの、「研究」と呼ぶのもおこがましいような私の報告に対して、いつも熱心に耳を傾け、質問やコメントをしてくださいました。研究会で報告をさせていただく際には、どのような質問やコメントを諸先生方からいただけるのかと心配になるものですが、報告の際に先生が御欠席でいらっしゃると、報告に対して質問やコメントをいただけないため、大変残念でなりませんでした。

　関西の刑事法の研究者の世界には、大学の垣根を越えて後進の研究者を育てるという美風があると大学院生になる前からうかがっておりましたが、私たちの世代から見れば、先生はまさにその美風を体現しておられた方でいらっしゃいました。若い世代の報告にも真摯な態度で聞き入ってくださり、新たな知識を得ようとされるお姿に研究会に出席するたびに身の引き締まる思いでありました。

　私は、2001年7月、奇しくも、後に奉職することになる関西大学で開催された、日本刑法学会関西部会の夏季例会で個別報告をする機会に恵まれました。非常に緊張して報告に臨んだ後の休

憩時間に、先生から過分のお褒めの言葉と励ましをいただくことができ、恐縮しつつ、何よりもうれしかったことを昨日のことのように覚えています。それからちょうど10年。折しも、先生は日本刑法学会関西部会の夏季例会の当日に永眠されました。さみしい気持ちでいっぱいです。

私が関西大学に奉職してからも、論文の抜刷をお送りすると、毎回、丁寧なコメントを頂戴することができました。そのお心配りにも大変感謝しています。

私は、最近、新たな研究テーマとして、刑事司法とHIV/AIDSの問題に関心を持ち、少しずつですが、研究を進め、医学系の学会である日本エイズ学会でこれまでに2度ほど報告をさせていただきました。刑事法におけるHIV/AIDSについての問題関心は、これまで薬害エイズ事件に集中してきた感がありますが、それにとどまらず、刑務所や少年院において、HIV抗体検査をどのように行い、HIVに感染していることが判明した受刑者や非行少年に対する治療をどのように行っていくかといった問題を検討しています。

御逝去の報に接して、刑事司法とHIV/AIDSというテーマやその個別の問題について、刑事法と医療の問題に強い関心を寄せておられた先生にコメントをいただけたのではないかと思い、もっと早くに研究を進めるべきであったと今さらながらに後悔しています。

先生は、病床にあっても学問への情熱をなくすことがなかったとうかがっています。先生の研究者としての情熱を研究会等の場で直接拝見することができた者として、先生から受けた学恩を忘れることなく、これまで以上に研究に精進したいと思います。ま

た、後進を育てるにあたっての姿勢を学ばせていただいた者として、おこがましいことかもしれませんが、学生の教育に真摯に取り組んでいきたいと考えています。

　先生、本当にありがとうございました。

（関西大学准教授）

中山研一先生を偲んで

中　村　悠　人

　中山先生に初めてお目にかかったのは、2002年のことでした。すでに先生は大学での講義を担当なさっていなかったのですが、立命館大学のエクステンションセンターにて集中講義をなされると聞き、そこに参加した時だと記憶しております。まだ暑い時期であったのにもかかわらず、中山先生はお疲れの様子もなく、講義をなされていたのが今でも印象的です。講義後に質問に伺ったところ、嫌な顔ひとつなさらずお答えいただいた、そんな9月のことでした。

　そこでの講義をもとに『新版 口述刑法総論』を出版なされたわけですが、その祝賀の場に機会を得て参加させていただきました。その際、御著書をいただき、研究者を志望している旨お伝えしたところ、「勉強、勉強！」とお声をかけていただいたこと、懐かしく感じております。

　その後、大学院に進学し、研究会に参加するなかで、御著書のみでは十分に知ることができなかった先生のお人柄、なかんずく研究に対する姿勢に触れることができたのは幸運でした。中山先生は、研究会が始まる10分前には会場に到着なされ、報告が終わった後には必ず質問をされていました。「定刻主義」をもって、常に研究に積極的態度で挑む。そのような研究に対する真摯な姿

勢は、一院生にとって大変学ぶべき態度でありました。

さらに、私のような院生の拙い報告に対しても、きちんと質問をいただき、しかも終了後に議論に付き合っていただける。若手であってもきちんと向き合っていただいたことは、本当に貴重な機会であったと思います。3・4年ほど前であったか、中山先生ご自身も久方ぶりとおっしゃっていましたが、研究会の後の懇親会にご参加なされたことがありました。そこでおっしゃった「若い人からいろいろと学んでいかなければなりませんからね。」という言葉にも表れているように、常に向上心を持っておられる先生の人となりによるところだったのだと感じ入りました。

また、私自身、中山先生が初期メンバーであられた刑法読書会の事務局を7年間務めておりますが、その間にいろいろとお声をかけていただき、きちんと若手が頑張っていかなければならないと叱咤激励していただいたこともありました。さらに、刑法読書会の例会案内はメールと葉書にて行っているのですが、中山先生にはメールにてお送りしており、メールでのやりとりも堪能になされていたこと、しかもメールをお送りすると迅速に返信なされるところも印象深く残っております。

10年に満たない中山先生との想い出とはいえ、そこから多くのことを学ばせていただきました。もはや中山先生と接する機会がなくなってしまったことは残念でなりません。先生に御精読していただける前に論文を完成させることができなかった自身が慙愧の念に堪えません。先生が残された多くの研究業績に、そして、研究会等で示された真摯な研究態度に尚も学びつつ、今後いっそう精進していくことを誓い、追悼の言葉に代えさせていただきます。 （立命館大学大学院法学研究科博士課程後期課程）

「時間は守れ、時間は作れ」

西尾　林太郎

　中山先生とは北陸大学でご一緒した。私は翌年に新設が予定された法学部の要員として平成3年4月に北陸大学に赴任した。その1年間は外国語学部に所属し、教養部配置ということで中山先生とお会いすることもなかったように思う。先生に親しく接しさせていただくようになったのは、平成4年に法学部が開設されてからである。私は政治学・日本政治史専攻で、中山先生とは隣接領域とは言いながら専門を異にしたため、先生のご専門の刑法や法律学の領域でお話を伺うことはほとんどなかった。

　ただ、私の母が滋賀県伊香郡西浅井町の出身で、しかも先生のご出身地と至近ということで、しばしば母の故郷のことをあれこれお話をした。賤ヵ岳、余呉湖、木之本、虎姫などなど。その時先生は腕を組んだまま瞑目されたり、あるいはしきりに頷いておられた。「私はもう久しく行っていないが、相変わらず雪はたくさん降りますかねー」と、じっとわたしを見つめられたのが、今でも印象深い。先生そして私の母の故郷は、今次の平成の大合併で共に長浜市の一部となってしまった。

　「せんせのご専門については、私はようわかりませんが、一般論としては、少なくとも専門書1冊、教科書1冊は書くのがよろしな」「1冊はだれでも書く、2冊目となるとなかなかそうは行き

ませんなぁ」……中山先生の口癖であった。

　私は週末に豊橋の自宅に戻ったし、法学部の完成年次を待って勤務先を名古屋の愛知淑徳大学に転じたため、北陸大学法学部時代の4年間に中山先生と頻繁にお話しすることはなかったし、他の北陸大学時代の同僚と比べてお話した総時間も多くはないだろう。その、少ない会話のなかで、ほとんど決まって先生の口を衝いて出てくるのが、この言葉であった。

　学校は学校で、自宅は自宅でとても忙しいですから……と、私は言い訳をしたものだが、そのとき先生が言われたのが、「時間は守れ、時間は作れ」である。先生は「定刻主義者」を自認しておられた。前者の「時間」は時刻のことであろう。しかし、後者の「時間」は研究のためのそれである。「時間」は与えられるものではなく、作り出すものである。先生はそう言いたかったのである。それにしても、両者はともに強い意志によるものである。先生にとって、そのことは習い性となっていた。その言葉は今となっては当り前のことと思われるが、先生のさりげないその一言が私の肺腑をえぐった。

　「時間は作るもの」を肝に銘じ、勤務先を変わっても励んだものである。途中、「大病」に悩まされながらも研究を続け、その成果を『大正デモクラシーの時代と貴族院』として、出版できた。北陸大学の同僚でもある初谷良彦先生に研究が一応纏りそうだ、とお話したら、「そりゃ～、ぜひ中山先生にご相談したら」とのアドバイスを頂き、すぐさま先生にお手紙を書いた。先生はとても喜んでくださり、「専門外なので……」とされながらも、とにかく成文堂に紹介状を書こうとのご返事であった。有難いことに、話はトントン拍子に進み、成文堂で刊行していただいた。

そして母校から博士号をいただくことができた。

　政治学の教科書は以前に書いた。2冊目の専門書と日本政治外交史の教科書はまだ書いていない。今、私は61歳である。65歳までには先生との「お約束」を何とか果たしたい、と思う今日この頃である。中山先生、お世話になりました。

（愛知淑徳大学教授）

中山さんへの最後の手紙

西 原 春 夫

　1950年代の半ばごろから始まった中山さんとのおつき合いの中で、手紙のやりとりもおびただしい回数にのぼった。葉書いっぱいに小さな字で書き綴った彼の便りを何度受け取ったことだろう。半世紀を超える二人の文通にピリオドを打ったのが、ここに掲載する私の書翰だった。病状を知らなかったので、彼には残酷な内容だったかもしれないが、著書を頂戴したときはいつもこのようなやりとりをしていたことの一つの例としてこれを公表することにしたい。普段ならば、このようなお礼状に対してさえ、彼は所感を述べて返信としたのであった。それを私も待ちこがれていた。それが来ないわびしさは言いようもない。ただありし日を偲ぶばかりである。　　　　　　　　合　掌

中山さん　ご近著『佐伯・小野博士の「日本法理」の研究』をご送付頂き、感嘆かつ敬服しました。ご指摘の小野博士の著書はすでに読んでいましたが、佐伯博士の戦前のご見解については風聞に接していただけで、直接読んだことはありませんでした。それが佐伯博士を尊敬される大兄の手によって公表されるのですから、実に悩み深いことだったろうと推測されます。それにもかかわらず今の時点でこれを明らかにする研究者としての態度にまずもって敬意を表したことでした。これまで紹介されることのなか

った資料を発見したことの意義も大きかったけれども、客観的事実の発見、紹介という使命だけを貫いたのではなく、それと、それによってある人の既存の評価が失われるかもしれないことへの配慮とのあいだで悩みに悩んだ末に公表に踏み切ったその心情に私は感動したのでした。

　それはそれとして、本書についての世間の評価の中には、[なぜ今の時点で？]という疑問があろうかと思います。確かに一般には、公表を必要とする歴史的条件は感じられないでしょう。ところがこの点に関し、少なくとも私は、おそらく大兄の想像の範囲内にはなかったであろう理由から、お二人の戦前の思想の中に、まさに今の日本人にとり大変参考になるところがあると感じました。もちろん戦前の思想の内容ではなく、日本的な思想傾向とそれのアジアまたは世界との関係、普遍性との関係に関する当時の知見、見解を参考にして考えなければならない問題が、まさに今の日本にはある、という見方です。

　結論だけしか申し上げられませんが、このたびの東日本大震災には、これまでの日本や、ひいては人類の在り方に大きな反省を迫るものがあると考えています。少なくともそう受け取るべきだと思うのです。それをしなければ、あまりにも無残な、2万3千人に及ぶ死者・行方不明者の死が無意味になってしまいます。

　反省を迫られたのは、自然（日本的な神）への畏敬の欠如と、あの危険な原発を利用せざるを得ないほどに発展した物質文明だと考えています。そしてその根源を探っていくと、人類絶滅の一歩手前の状態まで世界を導いてきたヨーロッパ文明全体にまで行きつきます。一神教や資本主義もその中に含まれると思うのです。そのように考えると、そのようなヨーロッパ文明と本質的に

異なる日本的な、あるいはアジア的な世界観の中に、人類を救済する思想傾向はないか、ということになります。もしあるとすれば、人類の絶滅を救うためにそれを明らかにし、その世界観の影響力を強めていかなければならないことになります。

その内容を考えていく間に、前掲のような、日本的なもののアジアあるいは世界における位置づけの問題に突きあたります。そのことを考えあぐねている最中に貴著を頂戴したのでした。当時は八紘一宇の思想がありましたから、この問題点についても現在にそのまま利用できないことは言うまでもありません。しかし、少なくとも先人の思考の中に参考になるものが潜んでいることは疑いありません。これはおそらく、戦前思想に対するこれまでの批判一辺倒であった問題意識とは異なる、今でも許容できる観点ではないでしょうか。そのような意味から、貴著のご送付を「ご縁」と受け取ったのでした。改めて精読しようと考えています。その観点からも、心から御礼申し上げます。

亡妻が他界してから一年が経過しました。大兄もおそらくそうだったと推察しますが、この一年間味わってきた気持ちは言い表すべき言葉が見つかりません。ただ半世紀の間、恩師斉藤金作先生のご指導にしたがい「気持ちの切り替え」の訓練を積み重ねてきた私ですので、その気持ちに溺れることは決してありませんでした。1年間、自宅にいるときはいつも一緒にいたリビングルームでのみ生活してきましたが、仕事は以前と異ならずテキパキと果たしてきました。

今年が辛亥革命百周年という年にあたるので、その前の年の去年、孫文を扶けて多額の資金援助を惜しまなかった財界人「梅屋庄吉」の功績を中国に伝えるべく、9月と12月に北京と武漢で

［孫文と梅屋庄吉展］を開催し、期間中地元大学の協力を得て関連シンポジウムを行うという事業をほとんど私一人のイニシァティブで実現しました。

今年前半の大事業は、中国の政府や党のシンクタンクである中国社会科学院で、一つの体系をなす 6 回の連続講演を実現することでした。全体の標題は「歴史の大きな流れから見た日中関係」と言うのですが、「社会科学院の使命に関連して」という副題が示すように、中国の将来を憂慮する日本や世界の世論に成り替わり、中国の役割や使命を、過去からの歴史の大きな流れの中で誤らずとらえて頂きたいと言う観点からの歴史認識を述べたものでした。

今中国は非常に敏感な時代を迎えているので、普通なら日本人がこのような話をすること自体難しいところでした。その点、中国では私の 30 年にわたる学術交流の姿勢や態度について一定の評価と信頼感があるらしく、普通では考えられない、稀有といってもいいような構想が実現したのでした。全体として、反応は上々でした。5 月に 3 回、6 月に 3 回と分かれましたが、まさに亡妻の誕生日である 6 月 22 日、すべてを終えて帰国する時の機上の爽快な気分は何物にも代えがたいものでした。結局、この 1 年の間に海外に出たのは、ドイツへ 1 回、中国へ 7 回ということになりました。家内はいないけれども、その精神的な支援がなければ到底果たせない大事な仕事だったと思っています。以前と同じようにひたむきに刑法の研究を続けておられる大兄の場合もまったく同様だろうと推察しています。

そのような状態で、お蔭様で健康に恵まれ、大兄とはまったく違う形ではあるけれども、年配者にしかできない仕事をこなして

います。他人事ながらご休心ください。お互い健康に留意しつつ、できるだけ長生きして、私どもの年代に課せられた責務を果たしましょう。暑中ご自愛を祈りつつ。　　　　　　　　　草々

7月12日

中山研一様

　　　　　　　　　　　　　　　　　　　　　西原春夫
　　　　　　　　　　　　　（日本矯正協会会長、元早稲田大学総長）

中山研一先生を偲ぶ

庭 山 英 雄

　私は1974年10月1日から1975年9月30日までイギリスに留学しました。ケンブリッジの郊外に落ち着いて間もなく、ポーランドに留学中の中山先生から電話がありました。いろいろ話したいことがあるとのことなので、もちろん歓迎の返事をしました。

　一通り街や大学の案内をした後、拙宅に泊まってもらって夜遅くまで話し合いました。ソ連への留学が果たせないでいることや京都大学内のトラブルの実情など、驚くことばかりでした。当時、民主主義科学者協会系の学者がヨーロッパに来ていなかったので、先生は独り（と言っても奥様はご一緒）ポーランドにいて淋しかったのでしょうか。

　お説教も受けました。「業績を挙げないのなら、人権とか民主主義とか偉そうなことは言うな。Xさんがあれだけ厳しいことを言っても、皆が耳を傾けるのは、それを支えるだけの業績があるからだ。」全くそのとおりなので、私には一言もありませんでした。

　年が明けて何月ごろでしたか（思い出せない）、「娘がスイスにいるのだが、経済的に無理なのでケンブリッジの近くで適当な学校を探してもらえないか」との相談を受けました。早速3校ばかり当たりをつけて、中山先生に来てもらい、二人で視察をしまし

た。幸い近郊の寄宿学校が受け入れてくれることになりほっとしました。中山先生の奥様を当の寄宿学校まで案内したこともありました。大変気さくな方で、これまたほっとしました。

それ以来、中山先生とは研究会や合宿で何度となくご一緒しましたが、刑法学会で最期にお会いしたのは、数年前の名古屋での学会の時だったように記憶します。受付でばったり会うと、中山先生の方から握手を求めてきて「連れ合いがいないと淋しいね。奥さんを大事にしなさいよ」と言いました。

そのとき私はすでに弁護士業にどっぷり漬かっていましたが、東京弁護士会の刑事弁護研究会で勉強を続け、編著を何冊か出していました。その著作に目をつけてくれたのか「いつでもどこでも前向きの姿勢で感心している」との趣旨の言葉を付け加えてくれました。直接言葉をかわしたのは、それが最期となりました。

（弁護士）

中山先生の最後の「刑法各論」講義

野澤　充

　資料整理ファイルをめくって、懐かしいパンフレットに目がとまる。ピンク色のパンフレット。表題には「中山研一先生最終講義」とある。
　「そういえば確か……」と本棚を探す。中山研一『概説刑法Ⅱ［第2版］』を取り出して、おもて表紙をめくると、そこにはペンで「野澤充様　中山研一　2002.1.11.」と書かれている。

　2001年度当時、私はまだ立命館大学大学院のD2の大学院生であった。公表論文のための研究に追われる毎日であったが、いずれすることになるやも知れぬ刑法の授業について、授業の手法を学ぶために、何人かの先生の刑法の授業にもぐりこむことがあった。その中の一つが、この中山先生の「刑法Ⅱ（刑法各論）」の授業であった。
　中山先生の授業はきわめて明晰でわかりやすく、そして穏やかな語り口が印象に残る素晴らしいものであった。とりわけ、授業の手法に関して工夫しておられるように感じたのは、毎回授業前に「自習問題」というB5サイズの簡単な問題を配布し、時間をとって学生に解答させた後、その問題解説をするということをなさっていた点であった。すなわち、「インプット」としての講義

だけでなく、「アウトプット」としての問題演習のトレーニングもできるように配慮しておられたのである。この「自習問題」でアウトプットのトレーニングを行うという方法が、後の『新版口述刑法総論』『新版口述刑法各論』の、各講末に「自習問題」を掲げるという教科書の形式に結びつくのである。

　奇しくも、この年度は中山先生が立命館大学で非常勤講師として授業をする最後の年度であった。このため、上田寛先生らによって、上述の「中山研一先生最終講義」が2002年1月11日に開かれたのであった。当然私も出席し、これまでの中山先生の立命館大学での長きにわたる非常勤での授業などについてのお話を伺った。

　最終講義終了後、教科書に先生のサインを求める多くの学部生が教壇の前に長い行列を作った。学部生に混じって、というのはややミーハーな感じもして、抵抗もあったが、しかしこういうせっかくの機会なのだから、と私もその列に並んだ。私の顔を見るや、先生は「あ、君かあ」と読書会で見覚えのある顔が並んでいたことに微笑を浮かべられた。私は作ったばかりだった名刺を差し出して、おもて表紙をめくったところに宛名付でサインを書いて頂いた。「この名刺、もらっておこう」とにっこり笑われた先生の笑顔が印象的であった。

　あれから10年になる。何とか刑法の教員になることができた私の刑法各論の授業では、時折、B5サイズの簡単な問題を配布し、時間をとって学生に解答させ、その後簡単な解説をする、ということが行われている。その問題の表題には、やはり「自習問

題」と書かれているのである。

　心残りは、今年中には出る予定である私の単著を御覧にいれる前に、先生が亡くなられてしまわれたことである。驚異的なスピードで執筆を続けられた中山先生からの、「手を緩めてはならない」旨の最後の戒めともいえるかもしれない。その他、先生からの数々の教えを胸に、若輩ながら、研究にも教育にも精一杯取り組んでいく決意を新たにしつつ、中山先生の御冥福をお祈り申し上げる次第である。

（神奈川大学准教授）

追悼の辞

初 谷 良 彦

　苦楽をともにし、夢を語り合ってきた中山研一先生が世を去られたことは痛哭惜くあたわざるところである。

　思えば中山先生との邂逅は平成2年頃、薬学部及び外国語学部を擁する北陸大学が、政治学科と法律学科の両学科から成る法学部を開設するにあたり、私に対して人を介し憲法担当教授として赴任して欲しい旨、要請してきたのがきっかけであった。私は愛知県内の私大教授であったし、大学教授会が簡単には割愛を認めないであろうと思われたことと、しかも遠方の、事情のよく分からない大学に赴任することにはかなり迷いがあった。最終的に承諾したのは、一代の碩学であり、刑事法の金字塔をうちたてられた中山研一先生も赴任される予定であると聞いたからである。

　平成4年4月1日、法学部が設置認可され、私は日本国憲法等担当教授として単身赴任した。この年は、経済はバブル崩壊後、景気の先行き不安があり、暗い世相であった。ちなみに、この頃、①「金丸信・元自民党副総裁が佐川急便から5億円を受け取ったとして略式起訴、議員辞職」に追い込まれたり、②「カード破産」「複合不況」「コケちゃいました」等の時事語録が大流行した。

　新設学部には中山研一先生をはじめ、文字通り古武士の風格が

おありであった曽村保信先生（国際法、前東京理科大学教授）、山本卓先生（民法、前名古屋高裁判事）らを初め、気鋭の先生方が集まった。それを慕って入学してきた法学部学生たちの優秀さと純粋さは瞠目すべきものがあった。「水あっての船。学生あっての大学」である。この輝くような学生たちと真理の海路の探求に船出するのは楽しくもあったし幸わせでもあった。

そもそも大学教員は、研究者であると同時に教育者であることが要求される。中山先生は、この二つにおいて、ともにきわめて優れた先生であった。また、常に検証を怠らない学問に対する真摯なご姿勢は先生の終生変わることのない本質であった。

中山先生は、平成5年、法学部内に「研究組織委員会」を設置、その最初の重要な課題として、研究成果を系統的に定期刊行物として出版するための雑誌「編集委員会」を組織された。そして編集委員長に就任され、不肖初谷が補佐の任にあたった。

「教育の内容と水準、そしてその学問的魅力を支えるものは、教員自身による研究内容の充実への絶えざる研鑽であって、そこに大学の『研究者集団』としての真価が問われる所以であることを自覚しなければならない」と先生は喝破され、法学部は、「北陸法学」と題する雑誌を、年4回発行するという運びとなったのである。

また、中山研一先生は平成5年10月発行の「北陸法学」創刊号の編集後記に次のように記されている。「大学に所属する研究者にとっては、他にも研究成果を発表する場がある場合でも、自分の所属する機関の雑誌をまず大切にし、これに収斂する姿勢が必要ではないかと思われる。これは大袈裟にいえば、研究者としての一つの使命感ともいえようか。戦前の古き良き時代の『法学

論叢』(京大法学会雑誌)の充実した内容を見て、深く考えさせられるものがあったことを思い出すのである」と述べられている。

しかし完成年度を迎える平成9年頃からあらゆる意味において理事長側の干渉は激しくなっていった。理事長の長男が副理事長から理事長になる前後から、タイムカードの導入、ボーナスの直接手渡し、儀式等におけるモーニングの着用を全教職員に強要したり、続出する学生らによる理事長批判のビラを配っている学生を逮捕・監禁したり、反抗的な職員に対する暴力行為、盗聴等枚挙にいとまがなかった。不始末の多くは報道され広く世間に知られることになったが、強大な政治権力を背景にした理事長側は反省するどころかその行動はますますエスカレートしていった。ヴィクトール・フランクルの『夜と霧』を地で行くような理事長を支持する教職員たちの人間の弱さ、醜さを目のあたりにして多くの教職員はその想像を越えるすごさに立ちすくんだ。私も怖かった。唐の太宗が「創業と守成はどちらが難しいか」と功臣魏徴に聞いたところ、魏徴は、「創業は易く守成は難し」と答えたという話があるが、まさにその通りの展開になっていった。

こうした中にあって中山先生は毅然として正論をはきつづけられた。凛とした先生のご姿勢は刑事法の泰斗の面目躍如たるものがあった。心ある先生たちも抵抗された。しかし、理事長側は全く聞く耳をもたなかった。大学は音をたてて崩れていった。壮士ひとたび去ってまた還らず、か。中山先生の温容慈顔を思い浮かべるのである。

かくの如き中山研一先生を失ったことは、ひとり先生を慕う人々にとってだけではなく、学界の痛恨事といわなければならないのであって、先生の謦咳に接し、ご薫陶を受けた一人として、

また、赴任当初、一介の研究者に過ぎない私を成文堂にご紹介いただいたおかげで、専門書を上梓できるなど、はかり知れないほどお世話になった者として私は追悼哀惜の念を禁じ得ないのである。

　この一文は先生に対する追慕の念より述べたものであります。願わくば、在天の中山研一先生、意のあるところを酌せられんことを。

（愛知淑徳大学教授）

中山先生との思い出

原　　英　幸

　私が中山研一先生と出会ったのは、1992年のことです。
　この年は法学部が開設され、私はこの法学部の一期生として入学しました。
　入学式から間もなく開催された新入生研修（合宿）で、昼食を中山先生と同じテーブルで頂いたことがきっかけで、ここで中山先生からの研究室に遊びにおいでというお言葉に甘えて、中山先生が大学に来られる日には研究室に顔を出すというキャンパス生活が始まりました。
　中山先生との思い出で真っ先に浮かぶのは『刑法入門』です。
　入学したばかりの1年次前期に『公法入門』という科目が開講され、中山先生はこの講義の3分の1、10コマを担当されておりました。中山先生は、学生がいかに関心をもって講義を聴いてくれるのかに苦心されておりました。
　もうすぐ夏休みだというある日、中山先生からのゲラを見せて頂き、これを通読して感想や意見を求められました。これが『刑法入門』の初校でした。『刑法入門』はこの年の秋に出版され、私も1冊頂きました。
　もうひとつの思い出は、私が卒業する時に中山先生へ色紙をお渡しして、先生の座右の銘を頂きたいとお願いしました。後日、

頂いた色紙には、中山先生直筆のお言葉と奥様の挿絵がございました。

卒業してからも中山先生とのお付き合いが続きました。

最終講義を拝聴させて頂いたり、古希と傘寿のお祝いの会に参列させて頂いたりと沢山の思い出がございます。

特に、古稀記念論文集の贈呈式が行われた際、ロビーで奥様のお洋服を直されている中山先生のお姿は鮮明に覚えております。

長岡京市のご自宅にお伺いしたことがございます。いつも明るい奥様とバロンが中山先生と一緒に出迎えて頂きました。

最後に中山先生とお会いしたのは2010年9月、大津のマンションの自室でございました。このときのことは中山先生が2010年10月7日のブログ（「金沢時代の回想」）に書かれております。中山先生から『刑法入門』の第3版が出版されることをお聞きし、10月には本が出版された旨のメールも頂きました。

今年（2011年）も大津へお伺いしようと思いましたが、ブログで体調不良のことが書かれており、夏が過ぎれば回復されると思っておりましたが、帰らぬ人になるとは思いもよりませんでした。

現在、刑法とは無縁のコンピュータ関係の仕事に就いております。それ故か、中山先生からパソコンの事でお電話を頂くことがございました。今でも「原君？　中山です。」と電話がかかってくるのではと思うことがございます。

拙い文ではございますが、最後に中山先生と奥様のご冥福を謹んでお祈り申し上げるとともに、本書のためにご尽力されました関係者の皆様に感謝を申し上げ、これで締めくくりたいと存じます。

（北陸大学法学部卒業生）

京民協のこと

平 田 武 義

　今年（2011年）2月5日の夜、私達は、同志社大学での研究会に出席されて帰りの中山研一先生を囲んで、西石垣通りの「ちもと」（京料理）で会食をした。

　出席メンバーは柴田蒞行、莇立明、坂元和夫の各先生と私であり、設立当初の京都民主法律家協会（京民協）で活動した弁護士で、中山先生を中心に、京民協の革新自治体を支えた諸活動の思い出から始まり、今進行中の司法改革そして最高裁批判等に話が及び、中山先生の熱のこもったお話それにブログの話や一人住まいの大津のマンションで住民の要望により裁判員裁判制度の講演をした近況報告など夜が更けるのを忘れたほどであった。

　特に懐かしい思い出としては、京民協の理事会がいつも丸太町東洋亭で開催されて、末川博先生を筆頭に浅井清信先生、西村信雄先生、宮内裕先生、天野和夫先生それに今なお元気な片岡昇先生、井ケ田良治先生と錚々たる法律学者が出席され、中山先生は学者側の事務局長格であって、弁護士側は能勢克男先生、黒瀬正三郎先生らが常連で出席され、さきの「ちもと」メンバーはまだ若手弁護士として実際の京民協の活動をつかさどっていた。

　歴史的な国民運動となった60年安保闘争の一翼を担った法律家の統一戦線組織「安保改定阻止法律家会議」が結成され、その

後 1961 年にその発展的な改組として日本民主法律家協会（日民協）が誕生したが、その京都支部という位置付けもあったものの、京都の場合は革新自治体を支える活動を前面に掲げて、しかも京都は先のように全国的に著名な法律学者のお歴々が多かったので、日民協の支部でなく、独立した形で京都民主法律家協会として発足したのである。

　蜷川知事、富井市長を囲む法律家との懇談会を度々開き、また革新自治体の法律対策の支援もした。蜷川知事は「こんな偉い法律家の先生方に守られているから私は安心だ」と冗談を言われていた。特に 1970 年の京都府知事選挙は民主革新勢力対保守反動勢力の歴史的決戦として闘われたが、その時には法律学者と弁護士が合同法律家選対を結成して、街頭宣伝、演説会や選挙弾圧、干渉との闘いが京民協も参加して展開されて蜷川知事 6 選の喜びを分かち合ったものである。その後残念ながら革新府政は 1978 年に落城したが、1978 年の京都府知事選挙で蜷川知事の後継者の革新候補者は杉村敏正先生であって、杉村先生も京民協の会員であった。

　その後革新自治体を支えるという活動は出来なくなって以後も京民協は活動を続けたが、学者側の後継者が不足して学者と弁護士との連携という特徴的な活動の場面が少なくなり、そうなると学者側は民科で、弁護士側としては自由法曹団や青法協としてそれぞれ別に活動して、自然と京民協の活動が停滞してその後活動を停止せざるを得なくなった。

　席上中山先生からは、京民協の活動停止を憂えた発言があり、日民協創立 50 年を契機に、せめて京民協の歴史を綴り、今のうちに（皆元気のうちに）その資料を整理しておきなさいと強く叱

咤、要望をされた。同席で一番若いのは私で（といっても73歳になるが）先生のお言葉と視線を重く胸に受け留めている。

　私が個人的に中山先生にお世話になったのは、京都弁護士会刑法改正阻止実行委員会副委員長をやっていた関係で、先生に度々弁護士会やその他で刑法改悪反対のための講演会や学習会の講師として御無理をお願いした。また私が主任弁護人を担当していた公選法弾圧事件では（60年代後半から70年代に京都においても選挙弾圧裁判が数多く闘われていた）先生に鑑定証人として裁判所に出廷して戸別訪問禁止規定の違憲性について証言していただいたり、長岡京の御自宅にまで打ち合わせや御助言をしてもらいに寄せていただいたこともある。

　京都の事件ばかりでなく、先生は全国のあちこちの裁判所でも証言されて、その経験をもとに法律的見解をまとめられて『選挙犯罪の諸問題―戸別訪問・文書違反罪の検討』を出版されている。

　私は、先生の御自宅の近くに住んでいるので、先生がお正月に病弱の奥様を労わるように支えて近所の小倉神社に初詣にお連れしているのにお会いしたこともあった。そのような暖かさ、心のやさしさそして人間性を先生の著作の中に感じるのである。

　心から先生の御冥福をお祈りいたします。

　　　　　　　　　　　　　　　　　　　　　　　　（弁護士）

聞きそびれた事

福 井　　厚

　私は中山ゼミの一期生である。と言うと、大抵の人は訝しく思うだろう。しかし、私が所属したのは中山ゼミといっても、刑法のゼミやソヴィエト法のゼミではなく、予備ゼミであった為、中山ゼミの同窓会に出席したことは皆無であるが、これでもれっきとした一期生である。

　我々が法学部に入学した頃は、法学部のゼミは教授が三回生の後期から四回生の前期まで１年間担当し、助教授や助手のゼミはなかった。我々が二回生になった1963年度から助教授もゼミを担当することになり、それを予備ゼミと称したのである。それは今風に言えば基礎ゼミのようなものであり、実際、我々一期生の場合、中山ゼミのテキストは新法学講座（三一書房、1962年）全5巻の中の1冊『法学の基礎理論』であった。当時、私が愛読していたのは中山研一「刑事責任と意思の自由」（法学論叢77巻3号〔1965年〕）であり、宮内裕『執行猶予の実態』（日本評論社、1957年）や同『戦後治安立法の基本的性格』（有信堂、1960年）であった。それは一言で言えばイデオロギー批判であり、その当時の世界は二大陣営に分かれた冷戦の時代であったから、現実を批判すれば我々の進む方向はその反射として自然に明らかになるように思われたのである。そういう訳で私は躊躇なく中山ゼミを選

んだのであった。―

　この間閲すること半世紀、世界の現状は皆さんご覧のとおりである。こうした情勢で、ソヴィエト法研究のパイオニアたる中山先生が世界の現状をどう把握しているか、気になるのは自然であろう。「社会主義は原理的に正しくソヴィエトが間違っていただけだ。」、という向きもあろうが、あまり説得力があるとは思われない。中山先生に最後に献呈したのは福井厚編著『死刑と向きあう裁判員のために』（現代人文社、2011年）であった。それを中山先生のブログでも取り上げて頂いた折に、「少し難しい」という感想を漏らされた。そこで、岩間一雄「日本の思想と死刑制度」おかやま人権研究センター『人権21』209号（2010年）のコピーをお送りしたのだが、その訳はこうである。

　前掲福井厚編著の「はしがき」では、日本で死刑存置論が85.6％にも達している理由（内閣府の世論調査の方法の問題は措くとして）を、岩間論文を引用してこの間の日本における格差社会の深化・拡大に求めたのであるが、紙幅の制約もあってその説明に舌足らずなところもあった。その結果、先生にとっても分かりにくい箇所があり、それで「少し難しい」という感想になったのではないか、と思われた。そこで、簡便な方法として「はしがき」執筆の際に依拠した岩間論文のコピーをお送りしたところ、同論文に共鳴する旨のお葉書での返信を頂いた。そこで続けて、岩間一雄「歴史は終わったのだろうか―大きな物語を紡ぎだそう１―」おかやま人権研究センター『人権21』211号（2011年）のコピーもお送りしたのである。この論文は、ソヴィエト崩壊の必然性を平明に説いたものである。その要点を一言で言えば、私的利己的な動機に基づく自由競争（大量生産大量消費）を基礎とす

る機械的権力的協同体制と私的利己的な動機付けを欠いた権力的協同体制との対立こそがあの米ソ冷戦構造の本質であったという同氏の把握を前提に、私的利己的な動機付けを欠いたソヴィエトが、長期的に見てそれを根底におく資本主義体制に敗北するのは必然であったと結論づけるものである。これについてもお葉書での返信を頂いたのであるが、それには「自分なりにソヴィエトの総括はできている」とあった。その総括こそ私の是非とも知りたい事であったが、そこには「日本の思想と死刑制度」の返信にあった「共鳴する」との感想はなく、いくら読み返しても「ソヴィエトの総括はできている」としか記されていなかったのである。これはひとつ京都まで出向いて、直に先生からその「総括」を聞かねば、と思い立った矢先の訃報であった。果たして、先生の総括も「社会主義は原理的に正しくソヴィエトが間違っていただけだ。」、というものであったのであろうか。……

　ともあれ、こうして先生の「ソヴィエトの総括」を永久に聞きそびれてしまったのである。

（法政大学教授）

中山研一君への想い出

福島重雄

　僕は昭和25年4月旧制富山高校から旧制の京都大学法学部に入った。中山研一君は、僕より2年ほど早く旧制静岡高校から同じ京都大学の法学部に来ていたが、途中病気で留年し、僕と一緒の学年になってしまった。僕が中山君を知ったのは、多分自治会の有信会の部屋だったように思う。確か自治会かなにかの選挙の時、中山君は手帳を見ながら「お前誰に入れた？」「お前誰に投票した？」等と聞いて廻っていたのを覚えている。2人とも当時余り講義の方は出席しないで、専ら自治会の小部屋で宣伝ビラを刷ったり、プラカードを作ったりしていた。当時僕も中山君も、共に若いマルクスボーイであった。でも中山君はロシア語が上手で、同じくロシア語を少し囓り始めていた僕にとっては羨望の的であった。当時法学部で刑事学の若手助教授であった宮内裕先生の所に、他の自治会委員と共に中山君とも一緒に集まって、酒を飲んでは、大いに天下国家を議論したりして、青春を謳歌したことも覚えている。

　3学年の時ゼミナールが始まったが、僕が瀧川幸辰先生の刑事法ゼミナールに入ったら中山君と一緒になった。長らく大阪で家裁の調停員をやっておられた安藤（旧姓西本）明美さんも同じゼミナールにいた。

瀧川先生のゼミナールは極めて厳しかった。でも先生は授業を離れると穏やかな人柄で、特に一杯飲むと、冗談も飛び出し、世間話も大好きだった。ゼミナールでの中山君はこつこつと文献を細かく調べるタイプの学生で、矢張り彼は学者に向いていたのであろう。ゼミナールも終わりに近づいて、そろそろ卒論の準備をしなければいけない頃、僕と中山君は2人で宮内先生の所へ、卒論をどう準備すればいいか相談に行った。そしたら宮内先生は、書斎の棚から一冊「ソヴェト刑法概念」という本を取り出し、「これを2人で翻訳して論文に纏めればよい」といわれた。それで僕と中山君はジャンケンをして、僕が前半の「犯罪論」を訳すことにし、中山君は後半の「刑罰論」を翻訳することになった。僕はそれで「ソヴェト刑法における犯罪概念」という卒論を書いてなんとか卒業した。

　さて、卒業も間近に迫ると誰しも就職ということになるが、当時昭和28年頃は正に朝鮮戦争の真っ直中、戦後の日本国内でもレッドパージの嵐の吹きすさぶ中、われわれ学生運動をやっていた連中にはとても一般の学生と同じに会社就職など望むべきもなかった。思想信条での差別が日本国憲法とは関係なしに、アメリカ占領軍の指示で公然と行われていた時代だった。それで我々自治会委員は、それなら司法試験を受けようじゃないか、司法試験なら一定の合格点さえ取れば、個人の思想信条とは関係ないのだから、ということになった。その中には、今大阪で弁護士をしている熊谷尚之君、元裁判官の小北陽三君等もいた。でも中山君は「僕は学校に残りたい」といっていた。

　僕は故郷の富山に帰って、裁判所の書記官に就職し、それから3年かかってやっと司法試験に合格し、以後司法の道に進むこと

になってしまった。

　その後、大学に残った中山君とは、年賀状のやりとりが数十年欠かさず続いたが、会う機会もなかった。中山君の年賀状にはいつも綺麗な「干支」の絵が自筆で描かれていて、彼の多才さを示していた。

　平成元年裁判所を退職して、ようやく私も故郷富山に戻って公証人になり、平成12年からは当地で弁護士業務を始めた。そして平成15年頃から、中山君との間でまた瀧川ゼミナールをやろうじゃないかということになり、それから後は、毎年12月の第2日曜日に元ゼミナールの連中が中山君の主催で京都に集まって、昔の思い出話や、各人の人生苦労話に花を咲かせることになった。その間瀧川先生の2女の熊谷栄子さんや、お孫さんの小松あかねさん、山田ゆかりさんにもご参加頂いたり、また、瀧川先生の元ご自宅（現在小松さん宅）を訪問したり、懐かしい交流が続いてきた。中山君もすごくご機嫌もよく元気だった。今年の12月もまたいつものように、小松さん宅を訪問する予定であった。

　でも、突然の訃報が、安藤明美さんから届いた。人の運命は分からない。そしてまたどうしようもない。あの中山研一君が。なんとも言葉も出ない。今でも彼の姿が目に浮かぶ。ただ彼の冥福を祈念するのみ。

以　上

（弁護士）

「脳死・臓器移植研究会」の思い出

福 間 誠 之

　私は脳神経外科臨床に40年ほど従事して定年退職後、現在は老人福祉施設で高齢者の看取りをしています。1959年に大学を卒業し、インターンを終えて大学付属病院で外科研修を始めた1960年12月、小児脳幹腫瘍の術後患者の呼吸が停止して病室で麻酔器を使ってバッグを手で押して人工呼吸を2日間ほど続け、いわゆる脳死状態を経験した。その後脳死状態患者を多く診て来たが、1968年に日本で札幌医大の和田寿郎教授による世界で30番目の心臓移植が行われ、脳死は人の死か否か議論されるようになった。脳死患者を診ている立場から1982年の第12回日本医事法学会で「脳死の基準と死の宣告」と題する報告をした。その後1985年に日本刑法学会関西部会のシンポジュウム「脳死をめぐる諸問題」で中山研一先生、石原明先生とご一緒に報告し、1991年の日本刑法学会第69回大会では「脳死の判定基準」の報告をした。1990年3月に脳死臨調が発足して「脳死は人の死か否か」の議論が盛んに行われていた。1988年頃、中山研一先生は「脳死・臓器移植研究会」を立ち上げられ、法学者と臨床医、特に脳神経外科と移植外科の医師と話し合いをするという主旨で、研究会は大阪十三の社会福祉会館会議室で定期的に開催された。当時京都第一赤十字病院院長で、日本移植学会の理事長橋本勇先生の

推薦で京都府立医科大学の移植外科専門医が加わり、中山研一先生、石原明先生、川口浩一先生に小生が入った小さな研究会であった。途中から移植医として国立循環器病センターの雨宮浩先生に変わり、先生が東京へ移動された後は、近畿大学医学部の秋山隆弘先生が参加され、会場も大阪梅田の日本臓器移植ネットワーク近畿地区の事務室で行われた。1997年にようやく臓器移植法が国会で成立したことを受けて、中山先生と小生が編集者となり研究会メンバーの執筆による『臓器移植法ハンドブック』が1998年に日本評論社より出版された。

脳神経外科臨床医の立場からこれまでに経験してきた脳死患者を基に脳死をどう考えるか話題を提供して議論した。1965年ごろから臨床の現場に普及してきた人工呼吸器の助けにより脳の機能が停止して自発呼吸のない脳死状態患者をかなりの期間心臓を動かし続ける事が可能となった。集中治療室でこのような患者の厳密な全身管理をして昇圧剤や抗利尿ホルモンなど補うことにより、さらに長期間にわたり脳死状態を維持することができるようになった。その期間は1ヶ月から数ヶ月さらには1年にもなり、1989年には14年維持された事例が米国の専門医学雑誌に「長期脳死」として報告された。

全脳機能が停止して昏睡・無呼吸となった脳死状態患者を人工的に維持し、回復の兆しがなければ何時かは心臓も停止して死に至るので、臨床医からみれば脳死状態は不可逆性の限りなく死に近い状態なので、どの時点で死と認めてもいいのではないかと考える。しかし脳死判定後に移植の臓器摘出をするためには、ある時点で死を判定し宣告する必要がある。臨床の現場で脳死が容認されるには脳死状態患者の家族が大きく影響する。外見上元気な

時と変わらない患者をみて、脳死といわれても直ちに死として受け入れる事は困難であり、人工呼吸器を外して自発呼吸のないことを目の前で見てもらい、何回か繰返して、ようやく死を受け入れる家族もある。

　脳死臨調の最終答申では脳死は人の死と認めながらも、少数意見として認めない者がある事を付記し、1997年に紆余曲折のすえに成立した「臓器移植法」では、移植の時にのみ脳死を人の死とし、その他は従来からの心臓死が死であるとする2つの死を法律的に認めることになった。この法律では脳死判定に関して臨床的脳死と移植を前提とする法律的脳死の区別をしているが、これは臨床的脳死判定で家族が患者の死を受け入れてから移植のための脳死判定をするので、臨床医としては納得できることである。

　以前から議論され結論の出ない問題に小児の脳死判定および臓器摘出があるが、脳死判定も成人に比べて困難であり、さらに家族が小児の脳死を受け入れるのが困難で、非常に時間がかかると思われる。時間が経過するほど臓器は痛んで移植には使えなくなり、そこに大きなジレンマがある。家族が身内の死を受け入れる過程はキュブラー・ロスが発表した患者自身の「死の受容」の5段階を同じような経過をとるのではないかという印象がある。「否認、怒り、取引き、抑うつ、受容」の段階をへて、A.デーケンの提唱する「希望」から"いのち"のプレゼントとして臓器提供に至るのではないかと思われる。

　　　　　　　　　　　　　　　　　（洛和ヴィラ桃山医務室）

中山先生との邂逅

振 津 隆 行

　中山先生の研究の守備範囲の広さ、先生のお人柄などについては、詳しく適当な人が多数おられるので、ここでは私が先生からその初期に直接受けた御教示等について書きたいと思う。

　先生と初めて直接にお目にかかったのは、私が修士課程の2年生に上がったばかりの頃であった。私の1期上の先輩が放棄した刑事政策に関する論文の紹介を刑法読書会に入会したばかりの私に、次回報告せよとのことで1ヶ月間苦心して翻訳し何とか紹介できるように原稿を作成したが、若干疑念の残るところもあった。そこで、恐る恐る報告した際に、中山先生から発言があり、報告論文の内容の注目点などについて指摘していただいた。私は刑法理論学を研究していたが、先生はかような研究も大いにやりなさいということで、激励されたのが最初の事であった。

　その後、博士課程の1年生の頃に先生が関西大学で特別講演をされた際、日頃から「行為無価値論」と「結果無価値論」との区別につき疑問を抱いていたので、講演後その点につき直接お聞きに行ったところ、先生は言下に「構成要件的故意を認めたら、それは行為無価値論である」と明確に答えられた。

　その後、博士課程3年生の頃、大阪市大で中山先生の夏期の特別講義があるということで、私もこれに参加したが、その際先生

は、研究の仕方、研究者のあり方などまで御指導を受けた上、その頃私が書き上げていた「クリース論文」を報告せよとのことになり、その論文の概要を報告したところ、それをどこかに載せる予定があるかと聞かれ、とくに無いと申し上げたところ、私の論文を「刑法雑誌」に載せてはどうかと提案され、その御配慮をもって掲載していただくことになった。

その後も、様々な面で公私ともに大変お世話になったが、先生はとくに若い研究者には激励を惜しまれない方であった。

時はくだって、金沢の北陸大学の教員になられてから、先生と何度かお会い出来る機会に恵まれ、様々の御助言を受けた。

その後、最近まで先生の「刑法ブログ」の熱心な読者であったが、突然に終了されることになり健筆家であられた先生の筆にかかるものは永久に無くなってしまったが、先生の精神そのものは私どもに確実に継承されていますので、永久にお休みくださいという言葉しかありません。

(金沢大学教授)

マルクス主義刑法と中山先生

本　田　　　稔

　「刑法史における過去との対話」という表題の論文を『法と民主主義』に掲載するために、中山研一先生が執筆された『佐伯・小野博士の「日本法理」の研究』を読みながら、その原稿を準備していたとき、先生が亡くなられたことを知った。立命館の法学部に在学していた学生の時に、先生の刑法教科書を読むなかで刑法学にひかれ、その研究に足を踏み入れた者として、言葉では言い表せない、何とも寂しく切ない気持ちである。

　立命館の大学院に進学した1988年4月、私の研究指導を担当する予定であった生田勝義先生が西ドイツのフランクフルト大学に留学することが決まっていたため、学部で講義を行うために衣笠に来られていた中山先生にお願いして、大学院の演習を1年間担当していただくことになった。その当時の立命館の大学院は規模が小さく、刑法専攻の院生は私1人だけだったので、演習の受講生も私だけであった。研究棟である修学館1階の教室で、テーブルを挟んで演習が毎週行われた。その当時のファイルを見ると、佐伯千仭『刑法における違法性の理論』所収の諸論文、内藤謙「戦後刑法学における行為無価値論と結果無価値論」、中山先生が法学論叢で紹介された「ブルジョア刑法および刑法学批判」の東独刑法教科書の刑法史部分、A・A・ピョントコフスキー

『マルクス主義と刑法』(上田寛先生との共訳)、また目的的行為論に関する論文などを教材にして、私がその内容を要約・紹介して、中山先生からコメントを頂いていたようである。国家独占資本主義期における国家的・行政的な経済への介入形態とプロレタリア独裁期における計画経済の国家的・行政的な管理形態との間に共通性があるというピョントコフスキーの主張には、いわゆるイタリア構造改革論との同質性があるように思えて仕方なかったが、旧東独のハンス・ゲラーツなどによるドイツ・ブルジョア刑法学批判は、刑法学方法論の意義を考える上で非常に興味深かった。それによると、刑法史のダイナミズムは、独占資本主義期においてリストによって自然主義・実証主義の科学方法論に基づいて刑法学の体系化が図られたが、それがベーリングなどの新カント主義の価値関係的・目的論的考察方法によって補完的に変質させられ、新ヘーゲル主義や存在論によって抑えられた後に、最終的にはファシズム刑法理論へと統合されていく。しかし、人間行為の被制約性（必然性）を肯定しながら、人間の意思活動の積極的役割（自由）をも認めるマルクス主義は、自然主義や新カント主義によって分断された人間行為の客観的要素と主観的要素を弁証法的唯物論によって統一して、刑法学の危機を乗り越える理論的強靭さを備えている。演習の報告レジュメには、「人間の行為の評価にあたっては、行為の主観的モメントと客観的モメントが考慮されるが、客観的モメントの中に主観的モメントが反映し、客観的モメントによってのみ人間の現実的意図と目的を判断することができる」というマルクスとレーニンの言葉（？）が抜き書きされている。その当時の私は、このフレーズをヴェルツェルの目的的行為論を批判する視点として認識していたものの、図

式的な適用の域を超えることができないでいた。その後、ヴェルツェルが刑法における自然主義と価値哲学の批判に挑んだ理由が徐々に分かるようになって、自分に欠けていたものが見えてきた。すなわち、近代的理性とそれに基づく刑法思想のなかに反近代的で非理性的な刑法思想を生み出す矛盾的契機が潜んでいること、マルクス主義もまたその矛盾的契機を止揚するために近代批判を理論的・実践的課題としなければならないこと、しかも新ヘーゲル主義や存在論による止揚とは異なる立場から、違った方法で止揚しなければならないことである。

中山先生もまたそのような問題意識から「佐伯・小野の日本法理」を分析しようとしていたのではないかと思われる。刑法家が日本主義や日本法理運動に傾倒していったのは、時代の風潮に飲まれたからだとか、思想的弾圧の結果として服従せざるを得なかったからだというような理由で説明することは妥当ではない。新カント主義の構成要件論を基軸とする刑法理論が日本法理に帰依するに至った理論的契機は、相対的にリベラルであると評価された新カント主義では抵抗力が弱く、日本法理の威力には太刀打ちできなかったからではなく、その内部に対立物へと変質する矛盾的契機が含まれていたからである。刑法における自然主義や新カント主義の思想的限界について、その制限を超えうるものについて、私が考えていることを中山先生に聞いてほしかったが、それももうできない。修学館の演習室で交わした対話の断片をつなぎ合わせて、先生のお考えをつかみ取るほかない。

中山先生、ありがとうございました。ご冥福をお祈りします。

(立命館大学教授)

中山研一先生をお偲びして

前 川 信 夫

　私は京大法学部を経て同大学院において刑事法学を専攻し故平場安治教授の御指導を受けましたが、当時の中山先生は若々しいので私はあまり年令差を意識させられることなく、先生というよりもむしろ優しくて少々こわくて極めて優秀な兄貴分のような気持で親しく兄事させていただきました。その間公私にわたり何かとお世話になったことは言うまでもなく、その一々を挙げると限りがありませんので、特に忘れ難く思い出深い一例のみを拾い上げることにいたします。

　私が大学院から弁護士に転じた頃には政府による刑法「改正」の動きが次第に露骨化しましたが、日本弁護士連合会（日弁連）ではこれに対抗して強力な阻止運動を展開し昭和49年5月には「刑法『改正』阻止実行委員会」を結成、その後全国的な総力を挙げての強力な阻止運動の一環として昭和56年8月12日、日弁連主催により東京日比谷公園内の松本楼において刑事法学者との間で「改正刑法草案の問題点と総合的批判」と題する座談会が企画実施されました。その際の顔触れは、刑事法学者側からは、わが中山先生のほか小田中聰樹東北大教授、吉川経夫法政大教授、内藤謙東大教授、中義勝関西大教授と、いづれも学界を代表しての錚々たる論客であり、これに対する主催者の日弁連側は山本忠

義前記阻止実行委員会委員長、同渡辺脩副委員長、同じく私、永盛敦郎事務局長の4名で、日弁連があらかじめ設定したテーマは、(1)草案の歴史的性格、(2)総則の諸問題、(3)保安処分、(4)各則における治安立法的性格、(5)各則における重罰化と犯罪化、(6)草案の基調と司法の動向の6点に及び、したがって、当日の座談会は昼休みを挟んで午前午後にわたり約4～5時間に及ぶという盛澤山なものとなりました。

　ところで、私が面喰ったのは、この重大行事の座談会につき山本委員長から当日は私が司会を勤めるよう仰せ付かった事であり、それは恐らく私所属の大阪弁護士会が早くから『改正』問題に積極的に取組み、会誌などを通じて意見を表明していた事にもよると推測されますが、かかる事情はともあれ非才の私ごときにはそんな力量に乏しく、荷が重過ぎるので御辞退しましたが受容れられず、最終的には司会役を引受けざるをえなくなったのです。そこで、私は責任重大なこの大役にビビリ上って困り果て、早速に学者側メンバーでもあった中山先生に連絡して相談に乗ってもらい、何度も面談して各テーマの基本的問題点やそれらに対して想定される学者先生らの御意見内容の概要等を御教示いただき、それらを念頭に当日の司会に臨みましたが、更にそれ以上に有難かったのは、当の座談会においての私の役割不足を埋合わせるため、中山先生は私の司会を先取り或は補足埋合せする形での御発問をその御発言中に巧に折込まれ、それによって各先生方の御意見を十二分に引出していただいたのであって、それに助けられて私は冷汗を掻きながらも大きな不手際やボロを露呈することを免れ、荷の重かった座談会を大過なく乗切る事が出来たのでした（なお、この座談会の状況については日弁連会誌「自由と正義」臨

時増刊号1981年vol32 No12の刑法全面「改正」問題特集P34-53、P75-89)。

　そこで、かりにこの座談会がその後の更なる『改正』阻止運動の盛り上がりに何程かの寄与を果したとするならば、私個人としても唯々中山先生に対する感謝あるのみです。

　その中山先生が2011年7月31日御他界になり、幽冥境を異にされるに至ったのはまことに残念とも悲しみとも言い様のない痛哭の極みですが、御生前の数々の御指導、御厚誼に対して今一度改めて厚く御礼申し上げますと共に先生の御冥福をお祈りする以外にはありえません。　　　　　　　　　　　　　　　　合掌

（弁護士）

長年にわたり若い研究者の指導の中心だった中山先生

前 野 育 三

　関西の刑事法研究者養成は、大学の枠を超えて行われていたということができる。最も重要な役割を果たしたのが刑法読書会と刑事判例研究会であった。いずれも中山先生が中心であった。

　刑法読書会は、佐伯先生の発案によって創立され、平場先生と宮内先生との3人の指導体制で出発している。1950年代半ばのことであろう。私が大学院に入学して刑法読書会に参加させていただいたのが1960年であり、その頃にはすでに刑法読書会は、しっかりと軌道に乗っていた。上記の3人体制での指導ではあったが、現実に大学院生が親しく相談できるのは中山先生であった。若手研究者から常に頼られ、親切に指導された。毎回かならず出席して、刑法読書会の指導に最も時間を割いておられたのも中山先生だったと思われる。

　私は、学生時代にも特別にお世話になっている。1956年4月に京大工学部に入学し、間もなく高等数学と製図がいやになり、転学部を考えるようになった。そのようなとき、法学部にいた友人（私と同じ姫路西高校の出身者）が、中山先生に相談してみろ、と進めてくれた。当時の中山先生は独身で鳴滝に住んでおられた。私は鳴滝のご自宅を訪ねてご助言を乞うた。このときのご助言がなかったら、私は法学部に進まなかったかもしれない。私の

友人が中山先生に相談することを薦めたのは、中山先生の人望が一般学生の間でいかに高かったかを物語るものである。

中山先生は、考えてみれば、ある意味で不思議な指導者であった。通常、指導的な地位にある学者は、飲みながらの懇親を重視し、その中で後進を指導されるタイプの方が、時代を遡るにつれて多かったように思われる。刑事法では平場先生はその典型だったと思われるし、当時、国際法の研究会などを外部から眺めていると、田畑茂二郎先生などもそのタイプだったと思われる。

当時、刑法読書会では、光藤先生をはじめ、錚々たる大先輩がそろっていた。泉ハウスがあったという条件も手伝って、若手研究者が一緒に飲む機会は現在の若手よりもはるかに多かったように思われる。毎年、年末には集中研究会があり、最終日の終了後は、吉田山の西側の中腹にあった京園ですき焼きの宴会などがあって、その後は二次会に出かけたものである。そのようなとき、中山先生は、自転車でさっさと熊野神社近くの京大教員宿舎のご自宅へ帰っていかれた。「君ら、ようそんな暇があるな」と声をかけられながら自転車で追い越されたものである。

中山先生の生き方は、研究者として、きわめて合理的な、無駄のない生活だったと思われる。極力無駄を省いて研究に専心してこられた。無駄いっぱいの研究生活をしている後輩たちを見て、歯がゆさを感じられることも多かったと思われる。しかし教員の野球チームでは活躍しておられたようだし、私がテニスを始めて間もない頃（1970年代末頃）には、中山先生もテニスをされたこともある。研究以外のことからすべて遠ざかっておられたわけではない。飲んで繰り返しの多い話をするような雰囲気がお嫌いだったのかもしれない。

それにしても、飲むことを抜きに、多くの若手から頼られ、親しみを伴う尊敬を得てこられたのは、考えてみれば見事である。中山先生の後、このようなタイプの指導的研究者は現れていない。刑事法全般に関する学識の深さと広さ、それに支えられた学問的指導の的確さの故であろう。しかしそれだけではない。若手の行く末について、親身に進路を一緒に考え、徹底的に世話を見る態度を続けてこられたことが大きな要因であったように思われる。

　私は、刑法読書会も刑事判例研究会もコンスタントに出席するほうではなかった。研究の中心が刑事政策だったということもある。刑事法の伝統的に中心的関心対象だった領域よりも、新しく現出する新しい問題領域により強く惹かれ、そのためには、他の研究会など、活動領域が異なっていたせいでもある。いずれにしても、中山先生には、若い頃に親しくご指導いただいたにもかかわらず、その後、比較的疎遠であったことを、いま悔やんでいる。

（関西学院大学名誉教授）

中山研一先生を偲んで

松 岡 正 章

　1963年、戸隠高原での、夏合宿は、発刊間もない『刑法講座[1]』の紹介・論評が主要なテーマであった。私は、佐伯千仭「刑の量定の基準」を担当した。報告後の夕食時、先生に過分のお賞めとお励ましの言葉をいただき、ビールを注いでもらった。その名状しがたい「潤い」は生涯忘れえないものである。

　先生が点された「灯火」は末永く輝き、私たちを照らし続けることでしょう。

　先生、お疲れさま。安らかにお眠りください。

(甲南大学名誉教授)

中山研一さんを偲ぶ

松 尾 浩 也

　中山研一さんは、昭和2年の早生まれでしたので、我々昭和一桁の間では、最先頭を駆けている人だという感じがありました。そして、大学で定年を迎え、さらに齢を重ねても、その健筆はいささかも衰えず、我々を感嘆させたのです。『刑事法研究』第14巻として、『佐伯・小野博士の「日本法理」の研究』が刊行されたのは、つい先日、7月始めのことでありましたのに、その月の末に突然の訃報に接し、愕然として思わず耳を疑いました。もっと長生きしていただきたかったという想いは深いのです。

　中山さんに初めて会ったのは、刑法学会の大会のときで、昭和29年春に日本大学で行われた第9回大会の機会だったと思います。同年5月に出た『刑法雑誌』4巻4号に掲載されている「刑法学会会員名簿」には、中山研一（京大特研生）、内藤謙（東大特研生）、西原春夫（早大助手）、藤木英雄（東大助手）、松尾浩也（東大助手）など、当時の新人の名前が見えます。宮沢浩一さん、田宮裕さんの参加はその次の年でした。皆さんそれぞれに活躍されていましたのに、今残っているのは、内藤さん、西原さんと松尾だけになってしまいました。学界の運営など、いっしょに行動したことも多いので、思い出は尽きません。

　共同の研究活動としては、平場安治、平野龍一両先生を代表者

とし、科学研究費を受けて実施した「刑法研究会」が特筆されます。研究会は、関西勢に上京してもらって、東京ないしその近傍で開かれることが多かったのですが、中山さんは、中義勝さんと「相携えて」という感じで出席されました。研究会は熱心な討議を重ね、『刑法改正の研究』2冊を上梓しましたが、自らの改正案を示す予定の第3巻は未刊に終わりました。城攻めは容易でも、城を築くのは数倍、数十倍の難事です。そして、昭和50年代には、研究会のメンバーは大学の役職を引き受ける年齢になっていました。刑法研究会は、昭和58年秋、島根大学での刑法学会第61回大会で、「当面する刑事立法の諸問題」について報告し、仕事を終えました。

　あれから早や30年近くを経たことになりますが、その間、中山さんの精力的な活動は、絶え間なく続いています。関東と関西を包摂する共同研究、「刑事法学の動き」と「刑法理論史の総合的研究」のいずれにおいても、中山さんの貢献は多大でした。また、関西の「刑法読書会」は、すでに会合すること500回に達したと聞きますが、その成功は、中山さんの牽引力あってのものと思います。いわゆる「関西刑法学」の水準は、読書会を通じて大きく高められたのです。

　中山さんを偲び、寂寥の感を押さえながら、お別れを告げる次第です。

（日本学士院会員、東京大学名誉教授）

中山さんと教官研究集会

松 尾 尊 兊

　中山さんを、私は1950年に文学部入学早々から知っていた。法学部には一年上に松江高校で親しかった林行温さん（のち滋賀県立高島高校長）がいて、林さんは新聞部で中山さんと一緒ではなかったか。中山・林の三人連れで、琵琶湖でヨットに興じた記憶がある。

　中山さんと親しくなったのは、教官研究集会を手つだったときからである。1960年代に京大に存続したこの組織の発端は、1958年秋の、安保闘争の前哨戦としての警察官職務執行法（警職法）反対運動であった。事務局長は教授昇任直前の宮内裕先生で、中山助教授が補佐した。事務局員として各部局の助手が何人か参加した。経済学部からは池上淳、尾崎芳治、私の所属していた人文科学研究所からは、私のほか、江口圭一、中村哲の諸君がいた。理学部からも来ていた。

　最初の講演会のとき受付に座っていたら、湯川秀樹博士が姿を現わした。温和の中にも威厳のある風貌をしげしげと眺めた。湯川さんはこの組織の世話人の一人であった。

　中村哲氏の話では、世話人にはほかに小林稔（理）、桜田一郎・西山夘三（工）、杉村敏正・立川文彦（法）、松井清・堀江英一（経）、桑原武夫（人文研）ら諸教授がいたという。

安保闘争後、教官研究集会と正式名称としたこの組織は、私が1969年夏にアメリカ遊学から帰国したときには、学園闘争のあおりで消滅していた。

　一年ほど前に中山さんに電話をして、京大文書館の実質的責任者たる西山伸助教授を同行して、教官研究集会の思い出話を聞き、関係資料をあずからせてもらいに行くとつたえたのだが、私の身辺が急に忙しくなったので、そのままになってしまった。新聞に出た訃報にも気づかず、葬儀にも出席できず、失礼してしまった。

　教官研究集会のことは、いずれ調べた上、改めて書いてみたい。

（京大名誉教授日本近現代史専攻）

中山研一先生にお教えいただいたこと

松 原 芳 博

　中山研一先生からは、私が大学院生のときにはじめて書いた「いわゆる客観的処罰条件について」という論文をお送りして以来、拙稿に対するお返事という形でご指導をいただいてまいりました。

　先生は、佐伯千仭先生が切り拓かれた客観的処罰条件論を私がテーマに選んだことを大変喜んでくださいました。また、法益侵害説的な見地から、客観的処罰条件を犯罪論に還元することについても賛同してくださいました。

　先生は、しばしば通説に対して批判的な立場をとっていた私の一連の論文に対して、少数説であっても安易に妥協せずに堂々と論陣を張るようにと暖かく励ましてくださいました。しかし、同時に、通説・判例に対して影響を与えるためには丁寧な論証が必要であると諭されました。私の論述が独りよがりになっていて、異なる前提に立つ人には受け入れ難い論理であったことを指摘されたのだと思います。ここには、実定法学は最終的には現実の社会に役立つべきものであって、自分の内部で自己完結しているだけではだめだ、という先生のお教えが含まれているものと思いました。

　近時、刑事立法の動向について若干の疑問を述べた私の論考に

ついて、好意的なお言葉をいただきました。しかし、同時に次のような趣旨のことを述べられました。近時の刑事立法に疑問があるのはそのとおりであるけれども、このような現状に対して具体的にどう対処すればよいのかが分からないのが悩ましい、と。この「悩ましい」とは先生ご自身が悩ましいと思われていることを意味するとともに、私に対して現状批判のみならず打開策を考えることが肝要であることを諭されたものだと思います。解釈論にもまして実践的な性格が強い立法論では、社会や政治の現実に対して刑法学は何ができるのか、ということが特に問われてくることを教えていただきました。

　私は、学生時代に愛読していた『口述刑法総論』『口述刑法各論』をはじめとする先生のご著書ご論文から、法益侵害を中核とする謙抑的な刑法理論を学ばせていただくとともに、お手紙等を通じて、上述のような刑法の解釈や立法のあり方についても貴重なお教えをいただいてまいりました。先生に、そのお礼を申し上げる機会を失ってしまった今、身近にいる大学院生をはじめとする若い研究者達に中山先生のお教えを伝えていくことで、少しでも先生の学恩に報いることができればと思っています。

（早稲田大学教授）

中山先生と旧制虎姫中学

松 宮 孝 明

　ご存じのように、中山先生は、滋賀県伊香郡余呉村（現：長浜市余呉町）のお生まれで、旧制虎姫中学を卒業されて、静岡、京都と学生生活を送られました。私は、旧制虎姫中学を継承した県立虎姫高校の出身で、先生の後輩に当たります。そこで、先日、次の世代に残しておくべき先生の蔵書を選ぶために、上田寛先生とともに長岡京にある先生のお宅をお邪魔しましたところ、先生の書斎で、厚紙でできた旧制虎姫中学の校章を見つけました。それには、製作者の名前が添えてあったのですが、それは「Sawato」と書かれていたのです。

　私事で恐縮ですが、この「Sawato」という名は、虎姫中学で中山先生と同窓の澤藤昭先生で、虎姫高校でながらく数学の教鞭を取られており、高校時代の私の学年主任でした。残念ながら、2005年6月に亡くなられたのですが、中山先生と澤藤先生との間には、それまで、ずっとご親交があったようです。2006年8月14日の「中山研一の刑法学ブログ」から、その模様が垣間見えます。私自身は、両先生のご親交を、大学院に進学したずっと後になって知ったのですが、そういえば、と思うことがいくつかありました。

　まず、私が高校に入学した1973年には、中山先生が母校の先

輩として、虎姫高校に講演に来られたのです。そこでは、たしか、結核で入院していたときにロシア語を勉強し、その縁でソビエト法講座の教授になることとなったというご自身の経験から、人間は、休んでいる時でも人と違った勉強をしておくべきである、という内容のお話をうかがったと記憶しております。この時期は、中山先生がポーランドに留学される直前で、京都大学では講義ができないという大変な時期でした。今思えば、そういったなかで留学に出られる中山先生に、澤藤先生が、それなら後輩に話をしてくれないかと頼まれたのではないかと思います。不思議なことに、この講演の後、私は、京都大学の法学部に進学したいと思うようになりました。

　それから、大学受験のときに、澤藤先生が私の泊っていたホテルに様子を見に来られたのですが、そのときは、法学部にいる友人に会いに来たついでに、とおっしゃっていたのです。これも、今思えば、中山先生に会いに来られたのではないかと思います。というのも、私が学部2回生のときに、学生自治会の企画で、中山先生に講演をお願いしたのですが、そのときに、虎姫高校でお話しいただいたような内容の講演をお願いしたいと申し上げたところ、先生は、母校からそういう奴が来ているということを知っておられたようで、ご快諾いただいた覚えがあるからです。ちなみに、うちの高校から京都大学の法学部に進学する人間は、年に一人いるかいないかといった程度ですので、たぶん、澤藤先生から、そういう学生がいると聞いておられたのでしょうね。

　その後は、中山先生にあこがれて、私も刑法の学者になりたいと思うようになりました。高校入学当初は理系志望で、法学部入学後も弁護士志望だったのですが、このような様々な縁で、結

局、刑法学の世界に飛び込むこととなったのです。

　その後は、大学院・助手時代、南山大学・立命館大学勤務の時代を通じて、刑法読書会を中心に一貫してご教示・ご指導をいただいていたのですが、とりわけ、浅田和茂先生とご一緒させていただいた『レヴィジオン刑法』のシリーズは、忘れられないものでした。私は、従来の物の見方を踏襲するのが嫌いで、少しでも違った見方ができないかと考えて、いろいろと理論上の冒険をしようとするのですが、中山先生は、それをきちんと受け止めてくださるのです。それは、大変ありがたいことでした。

　それどころか、先生は、大学を退職されてからも、勉強を欠かされませんでした。最近でも、2011年2月5日のブログで、2008年に公表された合衆国の『生命倫理に関する米大統領評議会白書』を紹介されておられます。この白書では、「『脳死』を『全脳不全』に改め、死の基準として決定的なのは、脳の統合機能の完全な喪失ではなく、全脳不全の状態にある患者は、もはや生きる有機体としての基本的な"仕事"を果たすことができず、自身のために環境に応じて行動する能力や"駆動力"だけでなく、極めて重要な外界に対する"開放性"（openness）を不可逆的に失っている点にある」という、極めて重要な定義変更がなされているのですが、このブログには大変衝撃を受けました。もちろん、それは、一方では、「脳死」に関するこのような重大な議論がなされていることにですが、他方では、先生よりはるかに若いのに、最新情報の検索を怠って、これを知らなかった自身に対する「頂門の一針」であったということです。

　そのように、亡くなる直前まで勉学に励まれていた先生に、もう、お会いできないこともまた、痛恨の極みです。今は、5年前

に先立たれた奥様と、彼岸において、水入らずで過ごされていることを祈っております。

(立命館大学教授)

中山研一先生を偲ぶ

的 場 梁 次

　中山先生と初めてお会いしたのは、確か平成13年3月17日に初めて開催された「医療と法」関西フォーラムだったと思う。これは、医療事故等を含む医療と法との種々問題を医療側と法側で種々討議し、健全な医療を発展させるために出来たものである。

　実は、このような研究会を立ち上げるに至った経過は以下のようなことであった。すなわち、平成11年2月に、都立広尾病院で入院中の患者に点滴をしていたが、血液凝固防止剤の注入を行うに際し、消毒液を取り違えて注射したところ容態が急変し、治療を行うも死亡した、という事件が発生した。病院は事故の疑いがあるので、警察へ届け出ることを考えたが、前例がないこと等で、届出はしないまま病理解剖を行なったが、心筋梗塞や動脈解離症などを窺わせるような所見は特に得られなかったので、90パーセント以上の確率で事故死であると思う旨の解剖所見を報告したが、結局死亡診断書は病死とし、医師法21条の「異状死体の届け出義務」による警察への届出はしなかったため、病院長が逮捕される事件が起こった。これに対し、日本外科学会など多くの医学会から「医療事故死は予期された合併症に伴う死亡で、医師が警察に届け出るとの法には問題がある」との声明を出した。丁度この頃、医学部長や病院長から、医療側と法側で、このよう

な医療に関する種々の問題点やその改善を討議してほしいとの要請があった。法医学の名称は、法と医学の接点である種々の問題を検証し、考えて行くものであり、このような会を立ち上げるべく行動を起こした。その際に、阪大に赴任する前から、中部地域で法学部の田中圭二教授と親交があったので、当時香川大学におられた先生と、医療と法の会を作ろうということになった。その折、田中先生のご紹介で弁護士の小川雄介先生をご紹介いただき、3人で「医療と法」関西フォーラムを立ち上げようということになった。さて、どのように会を運営して行けば良いのか、と話し合いを行っていたが、是非、会長を中山先生にお願いしようということになった。丁度田中先生が中山先生のお弟子さんであったのであるが、脳死や臓器移植問題等でご高名の中山先生に会長になって頂くことは、大変名誉なことであった。早速研究会を開こうということになり、第1回を平成13年3月17日に開催した。その時にお会いした中山先生は、大変お元気でお若く思えた。脳死問題等でお噂は聞いていたが、お話をしていてももの静かで、丁寧にお話をされておられ、感動したことを覚えている。その後、現在まで医療事故、交通事故、精神障害、周産期医療、生殖医療、終末期医療、看護、鑑定等多くのテーマで年に3回ほど医療側と法側からの討議が行われ、現在まで続いている。また、シンポジウムも5回開催し、多くの法律家や医師、看護師の方々や学生を交えながら有意義な討論を行ってきた。その時に中山先生から種々問題点のご指摘や、お考えを話され、大変勉強になった。また、平成17年9月から、厚労省や臨床医、法学者、法医、病理医等による医療事故の新しい中立的な検証機関としてモデル事業が設立され、そこで死因の検討や再発防止のための医

療の検証を行い、医療の透明性の確保を図るとともに、医療安全の向上の一助となることを趣旨目的とすることが始まった。大阪地域でも始まったが、その時に、大阪の医学部を持つ5大学が協力して行ない、各事例において、死因の決定や当該医療行為の評価を行うが、多くの医師や弁護士等を含めた委員の意見をまとめることは至難の業であった。然し乍ら、当「医療と法」関西フォーラムのメンバーである医師や弁護士にも入って頂き、この事業を大阪地区でここまで継続できたのは、当「医療と法」関西フォーラムのおかげである。小川先生を始め、多くの先生に入って頂き、また、シンポジウムを開催し、種々検討しながら大阪地区のモデル事業は継続している。当初5年間の予定であったこの事業は、現在も新しい展開を計りながら続けているが、なんとかここまで継続してきたのは、多くの方々により支えられてきたが、本「医療と法」関西フォーラムでの討論や人のつながりが、大きな推進力となってきたと考えている。これもひとえに、中山会長のお力とお人柄であったと考える。

　また、「医療と法」関西フォーラムが、現在まで約8年間継続していることも、中山先生のご尽力によるものと感謝している。3年前に体調が優れないから、会長職を辞退したいと言われた時は残念であったが、やはり続けて行くとのことで、大変うれしかったことを思い出す。最後にお会いしたのは、本年の3月の「医療と法」関西フォーラムの会であったが、その時にお元気そうで、お酒を飲まれながら楽しそうにお話をされていたことを思い出す。先生のためにも、今後の医療と法に関する問題を「医療と法」関西フォーラムで検討し、医療界、法学界に発信して行きたいと考えている。

改めて、中山先生のご冥福をお祈りして擱筆する。
(大阪大学大学院医学系研究科法医学講座)

中山研一先生の思い出——脳死・臓器移植研究会

丸 山 英 二

　私が中山研一先生に親しくさせて頂くようになったのは、1988年初め、先生が、脳死や臓器移植の問題を検討する研究会を立ち上げるため、私にも声をかけて下さったことに始まる。当時は、脳死によって人の死を判定することが許されるかをめぐる脳死論争が激しさを増していた時期であった。その頃の主だった動きとしては、1980年代に入って脳死下での移植腎摘出例が漸増し、1982年秋から1983年初めにかけて新聞などがそれを大きく報道したこと、1984年9月に行われた脳死下での膵臓・腎臓摘出について東大患者の権利検討委員会（PRC）が、1985年2月、関与した移植医らを殺人罪等で告発したこと（筑波大学膵腎同時移植事件）、脳死問題に取り組んだ日本医師会生命倫理懇談会（座長・加藤一郎成城学園長）が、（1987年3月の中間報告を経て）1988年1月、「脳死および臓器移植についての最終報告」をまとめ、「脳の死による個体死の判定が、医師によって正確に誤りなくなされることが認められ、患者またはその家族がそれを人の死として了承するならば、それをもって社会的・法的に人の死として扱ってよい」と述べたこと、などを掲げることができる。

　その研究会は、1988年3月に第1回の会合を開き、「脳死研究会」あるいは「脳死・臓器移植研究会」と呼ばれていた。当初の

メンバーは、中山先生、雨宮浩氏、福間誠之氏、石原明氏、川口浩一氏、葛原力三氏、丸山という小所帯であった。はじめの何年かは、阪急電鉄十三駅の近くにあった淀川会館で2、3か月おきに集まって、脳死や移植をめぐる直近の動きや諸外国の状況について報告や意見交換を重ねた。後には、中谷瑾子氏、石橋道男氏、秋山隆弘氏、勝又義直氏などが参加され、その活動の成果として、中山研一・福間誠之編『本音で語る脳死・移植』(1994年、メディカ出版)、同編『臓器移植法ハンドブック』(1998年、日本評論社)を刊行した。また、生命倫理研究会の「臓器の移植に関する法律(試案)」(1991年)の起草には、この研究会のメンバーが多く関与した。

　この研究会に参加して実に多くのことを学ばせていただいた。刑法学や移植医療について、具体的な問題を素材に議論することから得られたところは大きい。また、非常に勤勉で着実に成果を残される中山先生の研究に対する姿勢についても、教えられるところが大きかった。ただ、生来、気まぐれな私には、先生の勤勉さを身をもって習得するところまで行かなかったのが残念なところである。

　ところで、脳死移植に対する法的対応について、中山先生のお考えと私の考えとではかなりの懸隔がある。それを承知された上で、研究会参加に声をかけて下さったこと、そして、率直な意見交換に加えていただいたこと、さらには、ごく自然なかたちで組織し、てらいなく運営された研究会の恩恵に浴させていただいたことに関しては、チーム活動の苦手な私にはありがたいことであったし、深く感謝するところである。

　私も「中山研一の刑法学ブログ」の愛読者であった。もっと

も、先生がお書きになったところを読ませていただくにつれて、精神医療や死刑論をはじめ多くの問題について、移植医療に関するところを超えた意見の違いのあることが痛感された。しかし、顔を合わせて言葉を交わすことによって、見解の相違はあるものの、角が取れた形で意見交換ができるということがあるように思う。脳死や移植の問題に焦点を絞ってではあったが、そのような恩恵をこの研究会は授けてくれた。いま、そのような機会がもはや得られなくなったことが悔やまれてならない。

（神戸大学教授）

中山研一先生をしのんで

丸 山 泰 弘

　中山先生のご他界の悲報に接し、突然のことに信じられない思いでいっぱいであった。私が中山先生にお会いする機会を得た刑法読書会では、ご挨拶をさせていただくこともあり、昨年の年末集中例会でも、私の拙い報告に対して、ご質問もいただき、お元気なお姿を拝見していた。私自身が、就職に伴い2011年の4月より生まれ育った京都を離れることになり、しばらく刑法読書会にも参加できずにいたために、中山先生が体調を崩されていたことを全く存じ上げない状態でうかがった悲報であった。ご家族様や中山先生と親交が深かった多くの先生方の心境がいかほどか、その心中を察するに難くない。

　「私に中山先生への追悼文を執筆させていただく資格があるのか」と勝手な自問自答を繰り返していたが、ご教授いただいたことを記す機会を与えていただいたので、中山先生へのお礼の気持ちを込めて、思い出を振り返らせていただきたいと思う。

　私が大学院修士課程時代に、院生の友人や先輩、後輩などが10名ぐらい集まり、「〇〇先生なら、『●●という問題』をどういう観点から説明をするか」ということを、各先生方のご著書やご論文から、学説等を理解し（実際には理解したつもりになってい

ただけだが)、皆で何時間もかけて議論をするという拙い自主的な勉強会を行っていた。

　私は、そこで中山先生の刑法学を担当させていただくことになり、先生のご著書やご論文を集中して拝読させていただいていた。周知の通り、中山先生は『大塚刑法学の検討』(成文堂)や、『刑法の基本思想』(成文堂)など数多くの刑法学者の理論をその鋭い考察力からまとめられている。私は、中山先生の刑法学を学ぶと同時に、それら中山先生がまとめられた各学説と他の報告者の見解とを検討するという二重の楽しみをもって、その研究会に出席していた。

　このように、中山先生の刑法学に触れる機会はあったが、京都で大学生時代を過ごしながらも、私が直接に中山先生にお目にかかれる機会を得たのは、刑法読書会で勉強させていただくようになった時であった。それまでは、中山先生のお名前は、「最も理解しやすい刑法の教科書を書かれた先生」、「日本の刑法界、関西刑法学を代表する先生」という印象が強く、研究会の会場で初めてそのお姿を拝見した時には、憧れと尊敬の気持ちで、まず挨拶にうかがったのを思い出す。

　その刑法読書会で報告をさせていただく際、報告直後に司会の先生が疑問を投げかけられた後に、まず質問をくださったのは、いつも中山先生であった。とくに、集中的にご質問を下さったのは、比較法の観点と、現実味のある具体例から、どう解決を図るのかという観点からであった。ご質問をいただいた直後は、焦りと若気の至りで、なぜそんなに細かい点に固執されるのだろうと困惑する時もあったが、後から考えなおせば当然に検討をしなけ

ればならない問題であることが多く、反省をして次に向けてスタートを切るということがほとんどであった。中山先生はすべてを理解した上で、あえてそういった質問をしてくださったのだろう。それ以後は、おそらく中山先生からこういったご質問をくださるはずであると、基本となる部分が抑えられた報告をするように心がけるようになり、その報告準備の方法は、今でも有意義なものとなっている。

　私自身は、中山先生と懇親会や研究会合宿でご一緒させていただいたことはなく、先生が研究会とは違う一面では、また違ったお話をされるのか、より深い学問的なお話をされるのか、他の先生方から思い出話としてうかがうことしかなかった。その場にご一緒させていただくことがなかったことは残念なことだが、その思い出話をされる他の先生方を拝見していると、中山先生が本当に多くの先生方や学生たちから慕われているということが伝わってくる。

　中山先生には、たくさんの宿題をいただいたままになっている。その宿題とは、具体的に研究会でご質問をいただいて、正確にお答え出来なかったものもあるが、研究会の報告のあり方や、研究そのもののあり方も不十分であることをたくさんご指摘いただいた。少しでも、それらの宿題を提出できるように日々精進していきたいと思う。

　先生の生前のお姿をお偲びつつ、心よりお悔やみを申し上げます。

（立正大学特任講師）

「中山さん、本当にご苦労様でした」

光 藤 景 皎

(1) 今年（2011年）の4月23日（土）私は、久し振りに「刑事法学の動き」の研究会に出席した。同志社の博遠館の部屋で、二本の報告（文献紹介とその論評）を聞いて、8時ごろ同志社を出て地下鉄で河原町四条まで、中山さんとご一緒した。「大津の住居を出て、ここ（同志社）まで来るのに1時間20分もかかる」と何度も言われていた。このときはまだお元気だったが、いま振り返るとあんなに時間のことを言ってられたのは、少し疲れが溜っておられたのかなと思う。これが中山さんと言葉を交した最後となった。

7月30日に浅田さんから、中山さんが大津市民病院のケア病棟に入ってられて、容態があまりよくないとの電話をもらった。翌31日同病棟にお見舞に伺ったが、ずっと眠ってられて、お話しできる状態ではなかった。ずっと付き添ってこられた娘さんの葉子さんのお許しを得て、中山さんの手を握って握手して帰るのが精一杯であった。

5月の大阪の刑訴研究会、6月の刑事法学の動き例会にも、中山さんがみえてなかった。中山さんが研究会を休まれることはまずなかったので、「どうかされたのかなあ」位には思っていた。

(2) この「刑事法学の動き」研究会は、1968年6月に刑法学会が

京都で開かれた折、東西の若手・中堅の刑事法研究者有志が集って、刑事法の最新の文献を紹介し議論することによって刑事法の動きをつかもうということで発足した。東西でそれぞれ研究会をもつこととなったが、東京部会はその後何年かで立ち消えとなったように思う。関西だけはその後毎月例会をもち、報告を法律時報に載せてきた。それは中山さんがいたからできたということは間違いない。私など年に1～2回の出席でお茶を濁してきたが中山さんは皆出席だったと聞く。ロー・スクールが始まって、「忙しい忙しい」といって出席者が減るのを大へん嘆いておられた。

　関西で研究会はこれだけでなく、刑事判例研究会、刑法読書会も毎月開催されているが、これらにも、部屋の真中にでんと中山さんが座っていることで、続いてきたし、中味に張りも出ていたように思われる。

(3) 刑法読書会の原始メンバーでもある前川信夫弁護士が、この頃会うたびに、われわれ関西で刑事法の研究を始めた者は、「いい先生方の指導を受けられて恵まれていたなあ」と言います。本当にそうだったなあ、と私もあいづちを打ちます。私どもが大学院などで刑事法の研究を始めたころ、佐伯千仭、平場安治、宮内裕の先生方がおられ、それぞれ特色をもった第一級の学者であっただけでなく、いかに関西の若手を研究者等として育て上げるか、ということをつねに念頭において我々に接して下さったからである。学者同志がいがみ合うとか、弟子の扱いにいろいろ問題があるということを、他の地方からは時々聞くことがあったが、われわれはそんなことを感じることは全然なかった。そして、この大先生方とわたしども馳け出しの間をうまく繋いでくれる中山さんがいた。若手を適当におだててまとめて、大先生方の指導が

少しでもうまくゆくよう調整にいろいろ心を砕いていたのではないか、と思う。その一面が、「甲板士官」と呼ばれたり（そう自称もされていた）、また「定刻主義者」と自称したりするところにあらわれているが、やさしく気配りをする人でもあった点をあらわす言葉はないものか。

(4) 自分が若手研究者を指導し引き上げてゆかねばならないと思われる年齢になってから、中山さんは、さきに挙げた研究会の中味を充実した、同時に共同研究の成果も生み出すようなものにしたいと考えるようになったのではないか。自分はいつも出席して、それが実のり、長続きするよう見守るという方針をとられたのではないかと思う。研究会の運営については、上から型を決めてそれに従うようにもってゆくことはなくて、参加者の自主性を重じて、報告を聞いたのち、簡潔で適切な助言をするということに徹していたように思われる。若手を学会に送り出すには、研究会での口頭の報告のままにしないで、それを活字化することにも、中山さんは気を使っていたように思う。とりわけ、ご自身の成文堂との親密な関係を使って、同社からの出版の仲介にもいろいろ配慮されてきたように思われる。同社から出版されている論文集で、中山さんの口添えによるものは相当の数に及ぶのではなかろうか。その中には、刑事法学において、どちらかといえば傍系とみられがちなテーマをやられる人の研究を支えようとされたものも散見される。そういう気配りをされる人でもあった。

　こういう中山さんを失った。まことに、えらいことだと頭をかかえている。

　　　　　　　　（大阪市立大学名誉教授、大阪弁護士会弁護士）

先生からの2つの想い(メッセージ)

宮 木 康 博

　先生に初めてお目にかかったのは、「刑事判例研究会」に参加する機会をいただいた大学院博士課程1年のときでした。極度の緊張の中でのご挨拶となったわけですが、先生は、ニッコリと「何を研究されますか？新しい学生が参加してくれるのはうれしいです」と話して下さいました。ほどなく事務局を担当することになり、「刑事法学の動き研究会」を聴講する機会もいただいたわけですが、そこで展開される最先端の議論は、刺激的で、好奇心を掻き立てられるものばかりでした。あれから7年が経過しましたが、昨日のことのように思い出されます。

　事務局の担当になって以来、先生とメール等でやり取りをさせていただく機会が増えていったわけですが、先生は、院生に対しても分け隔てなく接して下さり、執筆したものや相談事には、必ずアドバイスをして下さいました。今回、執筆のお話をいただき、自分の気持ちを整理すべく、これまでに頂戴したお手紙やメールを読み返してみたとき、2つの言葉が印象的に甦ってきました。

　「これからはもっと法学教育に力を注がなければならない」
　　「よりよい社会にするために考えるのです」
　この2つの言葉は、自らを「定刻主義者」と称され、過去を踏

まえ、時宜を捉え、今やるべきこととその先にある未来までをも見据えておられた先生からの大切なメッセージ（想い）だと思っています。

前者については、「難解なものとして捉えられがちな法学をもっとわかりやすく伝えていかなければならない。そのために教員は熱意もって工夫を重ねる必要がある」というメッセージと受け止めました。教員になりたてで、授業に四苦八苦していた私に対し、京都大学、大阪市立大学および北陸大学時代の教育方法について、様々な取り組みをご教示下さいました。共通していたのは、「教える側の論理ではなく、今まさに目の前にいる学生の目線に立つ」というものでした。その想いから編纂されたのが『口述刑法総論・各論』だったのではないでしょうか。随所に先生の創意工夫がみられるわけですが、中でも、わかりやすく語りかけるような論調と、やりっぱなしを是とせず、解説を加えた「別冊付録」からは先生の想いが伝わってきます。先生からのメッセージを実現すべく、何の経験もない駆け出しの私が辿りついた１つの答えが『法を学ぶパートナー』でした。当時、新入生に法学を教えることの難しさやもどかしさを感じていましたが、教壇で今まさに目の前にいる学生からリアルに感じ取ったことをそのまま表現してみようと考え、「プレ法学」と位置付けて構成に取り組みました。とりわけ、判例を扱う箇所では、判決文の全文を付録としてつけることにしたわけですが、まさに先生の「別冊付録」のイメージがそこにはありました。最終的に先生からどのような評価が下されるのか、ハラハラドキドキしていましたが、「面白いし、今の学生にはあっていて、いいじゃないですか」と喜んで下さったことで、ホッとすると同時に、よかったと心から思うこ

とができました。これからも、学生と有言無言のコミュニケーションをはかりながら、先生からいただいたメッセージを形にしていきたいと考えています。

後者については、猛省を迫られた苦い経験が甦ります。日々の学生生活が、ただ何らの目的もないままに、ある種のルーティンワークとして過ぎ去っていた時期がありました。ただただ書かなければならないとの思いばかりが先行し、機械的に「何か」をこなしているだけでした。自分は何のために調べ物をしたり、翻訳をしたり、考えたりしているのだろうと……。そんな折、先生から頂戴したサラッとした言葉は今でも忘れられません。

「社会をよくするためじゃないですか」

ただ自分に興味があること、やりたいことだと思い込むように仕向け、壁にぶつかるたびに、自問自答するのみで、恥ずかしながら、自分の考えること（研究）が「社会をよくすること」につながる可能性を秘めたものであるなどとは、考えたこともありませんでした。いきなり後ろから頭を殴られたような衝撃でした。

先生から頂戴したこの２つのメッセージによって、自分自身の中に、教育・研究のいずれもが社会をよくする可能性を秘めたものであると位置づけられたことが今の私を支えています。研究の方は遅々として進みませんが、少しずつでも恩返しをしていければと思っています。

なお、勤務校では、法整備支援事業の記念講演として、先生にご講演をお願いする企画に着手したところでした。パイオニアである先生の想いに、本学やアジア諸国の学生たちが直接触れられなかったことが心残りでなりません。

（名古屋大学准教授）

中山研一先生との邂逅

宮 原 辰 夫

　中山研一先生に最後にお会いしたのは、2008年3月1日に金沢の湯涌温泉旅館「秀峰閣」で行なわれた「中山研一先生を囲む会」であった。北陸大学を退職されてからすでに9年近くが経っているにもかかわらず、中山先生を慕う北陸大学の元教員と現教職員の数十名が金沢に集まった。先生の研究者としての業績は言うに及ばず、先生の学問への真摯な姿勢と誠実な生き方に多くの教職員が強く惹きつけられたからではないかと思う。そうでなければ、専門分野とは直接関係の無い人たちがこんなに集まるはずはないと思う。ただ、悔やまれるのは、在外研修でインドに1年滞在し、帰国後、校務が忙しく先生に会う機会を作れなかったことである。

　先生と親しく言葉を交わすようになったのは、先生が1993年4月に北陸大学に赴任されてからしばらく経ってからのことではないかと思う。開設間もない法学部の教授会で、業績も教歴も少ない新任の若い講師たちが発言することが憚れる雰囲気の中で、穏やかな物腰できちんと筋を通される先生の姿は、われわれの発言を代弁してくださったかのようで、皆心の中で拍手を送ったものであった。若手教員の間に先生のファンが増えていくのにそれほど時間はかからなかった。しかも先生は専門領域を問わず、い

つも若い教員を励まし、勇気づけてくださった。

　前職の輝かしい研究歴に比べれば、北陸大学はおそらく最後の研究生活を送るのに足るところではなかったかもしれない。しかし、中山先生との出会いは私を含め、多くの教職員にとって幸運であり、人間としても多くのことを学ばせて頂いた。私にとっては本当に至福の数年間であった。厳しい環境の中で、学位論文を書き上げることができたのも、一重に先生の励ましと適切なアドバイスのお陰だと今でも深く感謝している。

　とくに個人的に親しくして頂いたのは、京都から単身赴任されていた先生の健康を心配し、もう一人の単身赴任の先生を誘い、マンションを借りて一緒に住むことになってからである。それは1995年4月から先生が退職される1998年の3月まで続いた。生活を共にしながら、まさに師と弟子のごとく、研究者としての使命や人間としての生き方など多くのお教えを頂いた。残念ながら、不肖の弟子はそれを我がものにすることができなかった。誠に不徳の致すところである。むしろ反対に、研究一筋に生きて来られた先生を「遊び」の道に誘うという悪魔のごとき所業をなしてしまった。岐阜の白川郷や北陸の温泉地を巡り、インドネシアのバリ島にまでご一緒して頂いた。おそらく先生が研究以外で国内の温泉地や海外へ遊びに行かれることなど初めてのことではなかったかと思う。あにはからんや、先生は大変喜んでおられた。

　2000年4月に文教大学に赴任し、伊豆に住まいを定めると、中山先生と奥さまがわざわざ遊びに来てくださった。とくに奥さまは海の見える私の住まいがとても気に入られ、敷地内に別邸を作りたいと言われるほどであった。その後、奥さまは体調を崩され、私の家に二度と来ることなく亡くなられた。あの時、3人で

食事をし、話が弾んだことを懐かしく思い出す度に、寂しさが込み上げてくる。

　中山先生が亡くなり、「これから私たちは何を頼みに生きていけばよいのですか」と問えば、おそらく先生は「自分で考え自分で決めなさい。大事なことはすべて教えました」と、釈迦の弟子への最後の言葉のように、静かに仰るかもしれない。たしかに、私は大事なことを先生からたくさん学んだ。もう自分で考え自分で決めて歩いて行かねばなりませんね。東日本大震災や福島原発事故に心を痛まれ、日本の行く末を案じられながらこの世を去られたのかもしれない。それぞれが自分の立場で責任と役割をきちんと果たすことを先生に誓うことが先生への恩返しのような気がしている。先生のご冥福を心より念じたい。

　　　　　　　　　　　　　（文教大学学園常務理事）

中山研一先生を偲んで

武 藤 眞 朗

　本年（2011 年）7 月 31 日夜、成文堂土子取締役からいただいた電話は中山先生のご逝去を知らせるものでした。ゴールデンウィークを明けた頃でしたか、先生のご体調が優れないことを伺い、先生御自身のブログにもそのご様子が書き込まれていました。先生御自身の次の書き込みを期待して毎日ブログをチェックしていた人が数多くいたことは想像に難くありません。残念ながらブログの次の更新は、先生のご遺影と御子息の御報告でした。

　私は、中山先生の御講義を直接拝聴したり、研究会などで直接質問したりする機会はございませんでした。それでも、本文集に一文を捧げさせていただけるのをとても光栄に思っております。先生のお名前を初めて耳にし、目にしたのがいつだったのかは、定かな記憶はありませんが、おそらく大学 2 年の頃だったのではないかと思います。当時、早稲田大学では、刑法総論が 2 年生配当科目でしたから、西原春夫先生の刑法総論の講義を聴いて、刑法学の魅力に引き込まれていきました。ちょうどその頃、『口述刑法各論』、『口述刑法総論』が出版され、『基本問題』シリーズとともに、成文堂早稲田店（現早稲田正門店）に積まれていたのを見て、中山研一先生のお名前を目にしたのではないかと推測しています。その後、一粒社のシリーズで西原先生の『刑法の根底

にあるもの』と並んで中山先生の『刑法の基本思想』が出版され、中山先生のお名前は私の頭の中に定着していきました。同じ頃、中山先生、西原先生、宮澤浩一先生、藤木英雄先生の編集による『現代刑法講座』が刊行されました。大学院に入ると、指導教授の西原先生と中山先生の御見解にはかなりの違いがあることを意識するようになりましたが、西原先生による中山説に対するコメントを伺うことで、中山説の理解が深まったといえるかもしれません。

　私が中山先生を直接お見かけするようになったのは、刑法学会に入会してからのことです。私が医事刑法に興味をもち、勉強を始めた頃には、中山先生は安楽死論、脳死論に関する数多くの著作を発表され、私自身の考えをまとめる際には、中山研一先生の御論考を参考にさせていただき、よりどころの一つとさせていただきました。たとえば、脳死説が積極的に支持される傾向がある中で、中山先生は「慎重論」を取られていました。私自身、脳死説を積極的に支持するのは困難であると思いつつも、端的に否定説と言い切ることに躊躇を覚えておりましたので、「慎重論」は、歯切れが悪いと言えなくもありませんが、とても心が落ち着くものでした。人間について深く考えれば考えるほど、悩みは深くなり、確定的に結論を出すことは難しくなるからです。

　さて、私が個人的に中山先生とお目にかかり、親しくしていただいたのは、私の妻、そしてその両親が中山先生（御一家）にお世話になったことが大きなきっかけといっていいでしょう。妻の家族は以前から中山先生にはとても懇意にしていただき、私は、妻から中山先生について多くのことを聞くことができましたし、また、中山先生とお話しすることもできました。先生が何よりも

学問が好きであることは、皆様もご承知のことですが、先生が執筆されている様子を目の当たりにした妻からは、よくその話を聞き、そのたびに、数多くの趣味に生きている私の怠惰さが妻には感じられ、私自身も自覚したものでした。中山先生がご自宅に有線放送を引いてクラシック音楽をお聴きになっていたことは、上田寛先生の御挨拶の中で、初めて伺いました。中山先生と音楽の話をすることができたら楽しかったことでしょう。もっとも、先生は、学問に集中するために音楽を聴かれていたことと思いますが、私には、音楽のために学問が犠牲になってしまう危険がありますので、そうならないように自らを戒めなければなりません。

21世紀に入り、世界は動いています。財政破綻、テロなどに加え、地震、津波、そして原子力発電所の爆発など、世界は破滅に向かっている気配さえあります。また、「政治的リーダーシップ」は危険な考え方の扇動にもつながり、「人気者」が独裁者に変身する様子もよく目にするようになりました。中山先生は、ブログでもその危険性について警告されていました。先生は社会批評家でもありますが、決して「切って捨てる」タイプの批評家ではなかったと思います。「脳死説慎重論」もそうですが、切って捨てて全面対決するのではなく、問題点を指摘して、批評される対象にも、中立な立場の人にも、冷静になって考えるヒントを与えるタイプだったと言えるでしょう。このような時代にこそ、中山先生は必要とされる方でした。私たちは、先生が果たしてきた、そしてこれから果たすべき役割を少しでも引き継いでいくことをお誓いします。中山先生、ありがとうございました。

(東洋大学教授)

道一筋を支えたもの——信念と戦後民主主義の精神

森 本 益 之

　中山研一先生の訃報に接したのは私自身肝臓病で二度目の入院手術を受けた時だったので、とりわけ強い衝撃とともに数々の思い出が脳裏を駆け巡った。退院後の療養生活においても先生の温顔が心の中から消えない日々が続いている。

　その折々に浮かぶのは瀧川幸辰博士が好んで色紙に書かれた「祖国は尊い。自由はもっと尊い。真理は一番尊い。」という言葉である。なぜなら、戦前、「学問の自由」のために闘った瀧川博士の学問＝真理の探究に対するこの痛切な思いは、瀧川ゼミの出身者である中山先生の生涯を深く貫いていると思うからである。ただ法学における真理は価値中立的な自然科学上の真理と異なりきわめて価値関係的なものである。そして、戦後の日本社会においてこの価値を端的に表現しているのは日本国憲法の三大原理とされる国民主権・基本的人権の尊重・平和主義であり、いわゆる戦後民主主義の法学的宣明に他ならない。中山先生との思い出の中で強く印象に残っていることがこのことに関係している。あるとき、私が日本社会の現状について愚痴めいたことを述べた際、先生は「あの戦争において多くの者が犠牲になったし、その中には自分と同世代の有為の若者も沢山いた。我々は彼らの尊い犠牲の上に戦後の日本があることを忘れてはならない」という趣旨を

強く言われたのだった。私は「愚痴る暇があればもっとしっかり勉強し、実践すべし」という後進への叱咤を感じると同時に、亡き先人達の犠牲の上に誕生した戦後民主主義に対する先生の責任感・使命感の強靭さを実感させられたことであった。周知のように中山刑法学を特徴づける客観主義なかんづく結果無価値論に立つ違法論や国家権力の肥大化を抑制する厳格解釈論はその根底において戦後民主主義の擁護を貫徹しようとする先生の強い信念に由来するものであろう。

　中山先生の大きな業績は、このような客観主義刑法理論の構築にとどまらず、後進の育成という面でも目を見張るものがあった。このことはすでに衆人の認めるところで、私を含めてその恩恵に浴した者は数知れない。そもそも私が中山先生と親しくお話しする契機となったのは昭和46年1月の刑法学会関西部会報告であった。当時の私は阪大大学院から島根大学に赴任してまもなく3年になる時期であったが、全国に吹き荒れた大学紛争の余韻冷めやらずという雰囲気の中でもあった。そのころ関西部会事務局の仕事を一手に引受けておられた先生は私の報告希望を大変喜ばれ、ご自分が若い時にあった地方大学赴任の話を断った経験を話されて、地方大学は資料や研究仲間からの刺激も少ないのでややもすればそのような状況に埋没しかねないから、自分で積極的に報告希望を出すことが望ましいと歓迎してくれたのだった。報告当日は偶々京大に集中講義に来ていた平野龍一先生や長老の佐伯千仭先生も参加されていて両先生からもいくらか好意的コメントを頂戴したが、後で中山先生から「お二人のような長老の前で報告できて君は幸運だったよ」と言われたことを覚えている。そして、同年10月に開催された刑法学会において「監獄法改正の

問題」が分科会テーマに取り上げられ、中山先生が司会者になられた際、私も共同報告者の一人に指名されることになった。

　振り返ると、私の学会デビューは先生との出会いに端を発しているのである。このように先生はいわゆる学閥とは全く無縁であったし、伝統的に理論対立が顕著な刑法学界においても理論的な立場の相違を超えた人的交流を通して「学問の自由」の在り方を示され、幅広く後進の育成・指導に力を注がれたのであった。その指導は、研究会等でのコメント・研究方法のアドバイス・論文発表の場の仲介はもとより、「毎日必ず原稿用紙に向かうべし」といった日々の研究生活の過ごし方や研究計画の立て方・問題意識の持ち方にまで及ぶ細やかなもので、後進の研究に有益と思われることに全く労を厭われなかった。これらはすべて中山先生のお人柄の反映といえようが、その根底には、戦後民主主義の精神を断固として守り抜き、そのバトンを次世代に引き継いでいかなければならないという先生の信念が存在していたように思われてならない。そして、先生が生涯にわたって蒔かれた種は先生と出会えた全ての者に受け継がれ、心の拠り所となり人生の指針となっている。その意味で中山先生の魂は千の風のごとく永遠に生き続けていくだろう。私の個人的思い出の中では、島根大学在職中しばしば先生にソビエト法の集中講義をお願いし、中山定刻主義を体験するなど親しくお付き合いさせたいただいたことが懐かしい。もうかなり前になるが、夏休みの家族旅行として奥様や小学生だったお子達と一緒に松江・隠岐の島を来訪され、島根大の竹内正先生宅で歓談させていただいた折の先生のくつろいだ柔らかな笑顔が鮮やかに思い出されるのである。

　　　　　　　　　　　　　　　（大阪大学名誉教授・弁護士）

中山先生のご冥福をお祈り申し上げます

安 田 拓 人

　中山先生に初めてお目にかかったのは、京都大学法学部の勉強会「さつき会」の役員として、先生を講演会にお招きしたときであった。さつき会では、当時、秋になると先生をお招きしてご講演を頂くのが慣例になっており、その年は共犯の諸問題につき分かりやすいご講演を頂いたのであるが、私たちは役員の特権で、終了後、会のボックスで先生と親しくお話をさせて頂くことができた。先生はとても気さくな方で、私たち学生の質問や相談に次々とお答え頂いたが、何よりインパクトがあり記憶に残っているのは、先生の「私は1日12時間勉強している」というお話であった。午前に4時間、昼食後に4時間、夕食後に4時間で計12時間、規則正しい生活を送られつつ、真摯に研究に励む研究者の姿、当時より研究者を志していた私には、そのことを当然だと言わんばかりにおっしゃった先生のお姿が眩しく思われると同時に、そんな生活がこの自分にできるのだろうかと不安になったことを覚えている。

　それから1年半、大学院に進学すると、橋田先輩や宇藤先輩に連れられて、第1土曜の刑法読書会、第4土曜の刑事判例研究会に参加させて頂くことになった。刑法読書会は、当時、百万遍にあった内外学生センターの学生相談所で実施されており、京大の

院生がお茶係を務めていたのであった。いずれの研究会でも、先生は場の中心であり、重きをなしておられた。

そして本当に感じ入らされたのは、先生が若手の院生レベルの報告でも、真剣な表情でメモを詳しくとられ、大変な関心をもって次々と質問をなさっていたことである。このことは、実につい最近まで、つまり、お亡くなりになるまでそうであった。先生のような大家が、今なお学ぼうとされている。このような学問に臨まれる真摯なお姿を、日々目にできた私たちは、何としても幸せであったと言わなければならないであろう。

研究会での先生のご発言は、国家刑罰権力の発動を拡張しようとする論調に批判的なものが殆どであり、毎日夜8時になると時代物の番組が始まる家で、祖父母の素朴な応報論的正義論的言説に囲まれて育ったことなどが恐らく大なり小なり影響しているであろう、私の刑法論・刑罰論は、先生のお立場とは必ずしも相容れなかったかもしれない。回避しえた責任無能力状態での故意行為を故意犯で処罰するという修士論文の見解をはじめとして、先生から徹底的なご批判を頂戴したことは数え切れない。

しかし、不思議と、嫌な気持ちはしなかったものである。先生の世代の国家に対する思いには、やはり生きてこられた時代による刻印があるように思われ、そのことは100％理解可能であったし、それをおいても、刑事法学は国家権力に対する監視者であるべきだという役割論も、自らがそれに与するかはともかく、意義が認められるべきであるように感じていたからである。

この2つの研究会で中山先生を代表とするそうした論調に接することは、刑（事）法学の研究者として、いわば思考の布置図のようなものを形成していくにあたって、とても大切なことであっ

たように思われる。これは、刑（事）法学者として、「関西」で育つことの意義でもあろう。私にとっての思索の基礎となる場は、この「関西」であったし、この「関西」の中心は、中山先生でなければならなかったのである。

　研究会に出ると中山先生がおられる。それは研究者としての私にとっては、蛇口をひねれば水が出るのとほぼ同じくらい、当たり前のことであった。この当たり前のことが失われてしまったこと、このことに私は実はかなり当惑している。今も、今日は先生はお休み（ご欠席）なのだと、ついつい思ってしまっている自分がいるのである。それはもしかしたら、自らの思索の基盤が変動し、思考の布置図が無意識のうちに変容を遂げていくことへの漠然とした不安感かもしれない。あるいは、先生のような批判者がおられることを前提として、自らの信ずるところだけを論じるというスタンスが維持できなくなるかもしれないことへの当惑なのかもしれない。

　「安田君、私が死んだら追悼論集書いてくれる？」（ぽか〜んとする私に対し）「まだ早いか。」と、悪戯っ子のような笑顔でおっしゃった、私がお聞きした数少ないジョークが現実のものとなってしまい、このような文章を寄稿させて頂くこととなった寂しさは、いかんともしがたいものがある。

　末筆ながら、先生には、これまでのご指導への心からのお礼を申し上げますとともに、ご冥福をお祈り申し上げます。本当にありがとうございました。

（京都大学教授）

中山研一先生を偲んで

山 中 敬 一

　戦後刑法学を牽引し続けてこられた中山先生の突然の訃報は、先生の若い時と少しも変わらない旺盛な著作活動を眼のあたりにして—とくに、『佐伯・小野博士の「日本法理」の研究』を読み終えたばかりで—、先生の不滅を信じていたこともあり、晴天の霹靂のごとき衝撃であった。先生の無念は、葬儀の際にその壮絶なまでの学問に対する最期の戦いの御様子を聞き及んで、その鬼気迫るまでの学問的情熱から窺い知ることができた。

　先生の偉大さは、その徹底して実践的な姿勢ならびにそれに裏打ちされた理論を構築するという姿勢、あえていえば保守的な倫理観にもかかわらずリベラルであらゆる人に開かれた先生の人格、そして、学問と実践に対するあくなき、しかし静かな情熱に由来する。さらに、加えるに、それらに起因するカリスマ性が挙げられる。先生の学問に対する姿勢と人柄に引きつけられた私と同世代の研究者は極めて多い。先生の上記の主として五つの「徳」は、先生と同世代の研究者をも魅了・牽引し、とくに関西の刑法学に大きな影響力をもたれたことは、私の恩師・中義勝先生が、刑法理論史研究会や刑法対案グループの一員として、常に先生との研究会帰りの同行された際の意見交換から多大なる学問上の刺激を受けられていたことからも実証できる。

私が、最初に先生の謦咳に接したのは、関大の学部の学生時代であった。宮内裕先生の追悼会が関大で催された際に、先生の追悼の挨拶を拝聴したのと、昭和43年に2単位の「ソビエト法」の講義を聴講したのとどちらが先かは忘れてしまったが、ともかく昭和42年ないし3年のことであった。ソビエト法の講義は、――畏友で中山先生の高弟上田寛が弔辞で同旨のことを述べていたように――、知的高揚感を掻き立てるといったものではなく、淡々としたものであった。私は、当時、法の一般理論のみならず、ウエーバー・マルクス問題に関心をもち、大塚史学や、西洋経済史、初期マルクスの理論、人間疎外論など読み漁っていたが、先生の講義ではそれらとは別のまるで大月書店の「ソビエト社会主義教程」のような話を中心に、ソビエト法の制度を解説されていたと記憶している。

　その後、大学院生として刑法読書会などで直接その謦咳に接することができたが、中山先生がどのような問題にも鋭く切り込まれ、的確な解答を用意されているのには驚嘆した。博士課程でも引き続き主として読書会において先生の指導を受け、その後、随分あとになって「刑事法学の動き」で当初ご一緒させていただいたが、研究会から足が遠のいて随分になる。

　さて、戦後刑法学をどうみるかは、現在、理論上の目標を失ったかにみえる刑法理論を新たに構築する作業のための必須の前提である。中山先生のよく用いられる「対抗軸」という概念でいうと、まず、戦後の「二項対立」的な視座による理論の理解が――実践上はともかく――学問的に妥当なのかどうかが再検討されなければならない。結果無価値・行為無価値、国家か個人か、処罰か不処罰か、権力か人権かなどの二項対立の図式である。ドイツの統

一・ソビエトの崩壊以降、国際社会は、そのような二項対立の手法ではとらえきれない、全体が見えざるシステムに融合されている社会が出来上がりつつある。戦後の刑法学の流れとして中山先生の学説は、自由主義的刑法理論として、刑事政策的機能主義や社会学的な機能主義の前段階に位置づけられるが、刑法学の現在の課題は、予防的な社会システムのなかで自由と人権を保障しつつ犯罪に対処する新しい刑法理論をいかに構想するかに存する、と考えている。先生の刑法観は世の中がどう変わろうとおそらく不変であろうが、それとどう向き合われるかを見届けることができないのは残念である。

冒頭に記した先生の五つの「徳」のうち自分にはほとんどが明らかに欠けていると自覚し、また、著作・研究会のみならず、ブログにおいても自己表現を続けられた先生の美学とは違って、ほとんど何の業績も挙げられなかったこの身には跡形残さず消える美学も捨てがたいとも思う昨今なのであるが、これからも、天上から地上を俯瞰され、道筋を失いかけた学界の状況を交通整理されているであろう先生に最終的に見限られないように、できるだけ自分に可能なことを続けていきたいと思っている。

謹んで先生のご冥福をお祈りいたします。

(関西大学教授)

中山研一先生を偲んで

山 中 友 理

　中山先生を初めてお見かけしたのは、大学の大教室である。当時の私は、民事法に興味を持っていたため、先生の講義内容を漠然としか覚えていない。刑事法に身を置く今から思うと、なんと勿体ないことをしたのかとほぞを噛む思いであるが、時間を戻すことはできないので仕方がない。そのような中でも、印象として残っているのは、先生が非常に謙虚な講義をされていたということである。通常、先生のような大家ともなると、自説の紹介のみで講義が終わりそうなものであるが、先生は、自説に固執することなく、広く学説などを紹介しておられた。学生に対しても、偉そうに勉強をしろとか本を読めとかおっしゃる先生ではなく、ただご自身はこのように勉強したとお話なさっていたように思う。このような講義は、先生のお人柄ゆえなせる技である。

　その後、先生の存在は一旦忘れ、私はドイツに拠点を移した。再び、先生の存在を認識するのは、博士論文執筆時である。当時、雑誌のコピーなどを日本から送ってもらっていたが、法改正に関する日本の文献を集めることに非常に苦心していた。この時、先生の『心神喪失者等医療観察法の性格（成文堂、2005 年)』『心神喪失者等医療観察法案の国会審議（成文堂、2005 年)』を参

考とさせていただいた。特に、後者は、立法に至るまでの国会審議の要点などがまとめられたもので、かなり重宝したことを覚えている。立法後に法解説を行う学者は多いが、それ以前の立法経緯などを詳細にまとめ、記録に残す学者は貴重である。

その後、研究人生を歩み始めてからは、先生の存在をより強く認識することになった。というのは、新たに研究の視野を広げようと取りかかった研究分野では、先生がすでに礎を築いていらっしゃるということが非常に多いのである。私のような若輩者は、先生のような先人の後をついて学んでいくものであると身に染みて感じている。

先生に最後にお目にかかったのは、同志社大学での判例研究会であった。この日、先生は、報告者であった。少々ご体調がすぐれないとおっしゃっていたように思うが、そのような中でも、決して研究をやめてしまうことなく、真摯に取り組む姿に心を打たれた。また、研究者として歩み始めた１年目に先生にご挨拶した際に、立派な研究者になるよう激励されたことを覚えている。その完成形はおろか、発展過程さえもお見せできないままに、先生が他界されたことは、遺憾である。残された若手研究者として、先生を見習い、日々謙虚に、真摯に研究を重ねていきたいと思う。

（摂南大学専任講師）

中山研一先生を偲んで

山 名 京 子

　中山研一先生には、いつも研究会でお目にかかり、ご指導をいただいてきました。2011年の春にも研究会でお目にかかることができ、ご体調は万全ではないご様子でしたが、まさかこのような短期間のうちにご逝去されるとは思ってもみず、まだ信じられない思いです。

　はじめて中山先生にお目にかかったのは刑法読書会においてであり、すでに30年以上前のことになります。刑法読書会には関西の錚々たる先生方が毎月参加しておられましたが、当時私はまだ修士課程の院生であり、学部の頃に著作でしか存じ上げなかった先生方を前にして大変緊張したことをつい最近のことのように思い出します。このような研究会がなければ、他大学の先生方や院生と知り合い、研究の助言を早い段階から受ける機会を得ることはできなかったと思います。何にも代えがたい貴重な機会でしたし、継続的に参加し報告することの重要性も知ることができました。長年に亘ってこのような研究会をいくつも指導してこられた中山先生のご尽力には、感謝と敬意の念を禁じえません。

　刑法読書会などの研究会において、中山先生は、いつも報告内容の意義や位置づけなどをただちに分析され、報告者に的確な質問や助言をされていました。懸命に準備してきた報告者よりも報

告内容の理解が深いと思われることがたびたびありました。そのことは、刑法だけでなく刑事訴訟法や刑事政策の報告についても同様であり、先生はよく、研究会での耳学問も大事であると述べておられましたが、先生の場合は、単なる耳学問で終わらないような理解と知識の蓄積に裏付けられていたと思われます。

　中山先生は、院生にもいろいろお声をかけて下さり、私が院生だった頃にも、お目にかかるたびに、毎日午後11時頃までは仕事をしているので、夜遅くてもいいから電話をしてきなさい、あるいは、一度自宅に来なさい、などといつも言ってくださいました。読書会の帰りに阪急電車でご一緒した折などによくおっしゃっていたことは、研究者としては語学が重要であり、読解だけでなく、外国の研究者との交流や討論において外国語会話が必須であるということでした。たとえば毎朝ラジオ講座を聞いてそれを継続することで、英会話やドイツ語会話ができるようになるというお話などをしてくださいました。現に先生は英会話が大変ご堪能であり、それは、留学先での会話のご経験のほかに、そのような学習の継続によるものであるということでした。1987年にドイツに留学することになった際には、先生から自宅に来るように言っていただき、海外での研究や日常の生活などについて大変貴重なアドバイスをいただきました。このように若い研究者達のために貴重な時間をたびたび割いてくださったのは、若い人たちへの期待が大きいからであり、最近はブログで、ご自身のこれまでの研究生活や最近の諸問題に関するコメントを書かれていたことも、全国のとくに若い研究者に対する期待を込めたものだと思われます。

　中山先生は、関西大学の中義勝先生について、院生になったば

かりの頃からいろいろ質問をして意見を聞くことができる先輩研究者であると大変親しみを込めて述べておられました。もう30年近く前になると思いますが、刑法学会の折に、会場の最寄りの駅で中先生と中山先生に偶然お目にかかり、両先生とタクシーで会場にご一緒する機会がありました。タクシーに乗車している間、両先生の間には雑談というものは一切なく、時間を惜しんでずっと刑法の議論を続けておられました。おふたりが偶然の貴重な機会を大切にされていることや中山先生の中先生に対する敬意の念、おふたりの学問に対する真剣なお考えが直接伝わってくるような出来事でした。

　中山先生は、研究と教育の両立が重要であることをしばしば述べておられました。早くから授業の工夫もされ、『口述刑法総論』『口述刑法各論』の各章にレジュメを添付されたのは、当時、法学関係の授業では、レジュメや資料の類を学生に配付する先生はほとんどおられなかった時代に、画期的なことであったと思われます。また、法科大学院での仕事の忙しさを理由に、研究を怠ってはならないことをしばしば戒めておられました。私も、法科大学院の設立後、法科大学院教育に携わっていますが、研究と教育を両立できるように努力しなければならないことをあらためて痛感します。

　刑事法学界の支柱のおひとりであった中山先生がご逝去され、先生のご指導やご教示を直接いただくことができなくなったことは本当に残念でなりません。中山先生のご指導を受けた多くの研究者とともに、先生のご遺志を大切にし、研究と教育に携わっていきたいと思います。心からご冥福をお祈りいたします。

（関西大学教授）

中山研一先生を偲んで

山 本 正 樹

　中山先生がご逝去されたのは、平成23（2011）年7月31日夜とおうかがいしました。

　その日は、刑法学会関西部会が近畿大学で開催されていました。いつも出席され、真っ先に質問される方々の一人である中山先生が、その日欠席されていることは認識していました。

　昼休み上田寛さんが関西部会の会場を退出しているところに出会いました。たずねたら、中山先生の入院されている病院に行かれるとのことでした。そのときは、中山先生が大変な病状にあるとは思いませんでしたので、よろしくお見舞いを申し上げてくださいとお願いしました。

　関西部会の午後の部が始まって間もなく、中山先生と特に親しい方々が会場の外に出て来られて、携帯電話で会話しているのを何度か見かけました。その一人の松宮孝明さんにうかがうと、中山先生が入院中で今、重篤な状態にある旨告げられました。私が今夏の暑さを凌げば、快方に向かうのですかとたずねたら、松宮さんは、そのような状態ではない旨、深刻な表情で答えられました。新刊書案内パンフレット7月号に中山先生のご著書が載っていたこともありましたので、先生の病状の重さに大変驚かされました。

その後、刑法読書会事務局から中山先生の訃報が伝えられ、近畿大学において刑法学会関西部会が開催された日にご逝去されたことに、大変なショックを受けたしだいです。

中山先生と初めてお会いしたのは、私が京都大学大学院博士課程に編入学し、刑法読書会への出席が許された昭和49年5月の例会においてでありました。関西の国公立・私立大学の先生方が寺子屋の机の前に座り、報告者の海外文献の紹介・報告をめぐって議論をしていることに目を見張らされましたが、そのときもその後の刑法読書会においても、報告者の報告後真っ先に質問され、適格な分析と問題提起をされていたのは、中山先生でした。

その日の読書会において、中山先生から、6月からポーランドに留学されることが報告されました。私が博士課程に編入学させていただいた旨述べてご挨拶申しあげましたら、中山先生がさっそうとして、しっかり研究しなさい、とおっしゃってくれたのを鮮明に思い出します。

私が刑法読書会の例会で拙い、杜撰な報告をした際、先生から叱正を含め、厳しいご指導を受けたことも懐かしく思い出されます。いつもは大変気さくで明るく話題も豊富で、教えられることが多くありました。

私の就職についても、お気遣いいただき、博士課程3年の時（昭和51（1976）年）には、ある大学の法学部教員を紹介してくださったこともありました。昭和52（1977）年4月、近畿大学に就職して現在に至っているのですが、平成の世になって間もない頃、近畿大学法学部の行政や教員人事をめぐって紛糾する状況があり、刑事法を含む4分野ほどについて教員採用人事がすべて成らなかったことを聞き及んだ中山先生から、本学部の人事行政の

あり方について激しく非難されたこともありました。

中山先生が北陸大学を退職される2、3年前でしたか、私は、先生の依頼を受けて、平成8 (1996) 年と平成9年に、北陸大学で非常勤講師をする機会にめぐまれました。先生と時々特急列車「サンダーバード」にご一緒することがあり、京都駅から金沢駅までの2時間半と北陸大学の理事長が経営するタクシー会社のタクシーで北陸大学までの30〜40分ほどの間、研究のことは無論のこと、政治・社会問題から私立大学の教育や行政のことまで、実に幅広く、スケールの大きいお話しをまさに隣の席でおうかがいするという幸運な時間を持つことができました。

先生の有する多様な問題意識とその分析の鋭さ、明快さに、不公正・不正義は許さないという気概を見せ付けられましたし、ほぼ月に一点の論文等を執筆されている意気込み・パワーを感得させられたことでありました。

中山先生の恩恵に心より感謝申しあげ、ここに謹んで哀悼の意を表するしだいです。

（近畿大学教授）

中山先生へ──惜別の辞

山 本 雅 子

　昭和40年代、私は院生であった。当時の刑法学会は高名な先生方の御出席で、まさに、綺羅星眩き様相であったと思う。我々院生は、或いはお一人で、或いはお弟子さんを伴われて、それぞれ悠然と前の方の席に着かれる先生方を憧憬の眼差しで追ったものである。そんな一日、私達は指導教授下村康正先生に引率され、中山先生に御挨拶をすることができた。それは院生になり立ての我々にとっては文字通り「拝謁」にも等しい大事であり、それだけ誇らしい感激であったことを覚えている（ちょっぴりミーハー的であったが）。

　今思えば、当時の中山先生は40代であられたはずで、実に颯爽たるお姿であった。それが中山先生に直接お目にかかった最初である。思えばあの頃は佐伯先生も他を圧するひと際重厚なお姿をお見せであった。下村先生に、あの方は何々先生、あの方は何々先生と教えていただきながら、その諸先生方が互いに挨拶を交わされる御様子を間近に見て、心を躍らせたものである。

　「あれから40年」（先生、このフレーズ、御存知でしょうか）である。あろう事か、私は中山先生に親しくお目通り叶う身の上になれたのである。それはひとえに或るお方の御蔭なのであるが、本当に幸せなことであった。瀧川先生や佐伯先生の思い出をよく聞

かせて頂いた。難しいことは何一つ仰らなかったが、昨年、最後にお目にかかった時に「佐伯説について少し勉強してごらん」との御教示を頂いた。その頃、先生は「『日本法理』の研究」の総仕上げをなさっていたのではないかと、今にして思う。

「佐伯・小野博士の『日本法理』の研究」は重い本である。あれ程重い本を私は知らない。執筆者の懊悩がそのまま行間に立ち込めており、それが読み手を捕まえて離さない。読み進むにつれてその胸苦しさが堆積されていく。私は初読ですっかり打ちひしがれてしまった。「時代の圧力」を言うはたやすい。言うに言えないもの、私には恐らく絶対に解らないものが、佐伯先生、中山先生ご両所の中にある。

思い出話の端々から、先生は佐伯先生を大変尊敬されている風であった。あの御執筆はお辛いお辛いものであったに違いない。私の思い込みかもしれないが、「日本法理」の御執筆は先生の全身全霊を奪うものではなかったか。先生は「タブー」と書かれた。「タブー」にメスを入れることは命懸けである。先生は血を吐く思いで筆を進められたことであろう。先生でなければ書けない本である。先生なればこそお書きにならなければならなかった本である。先生ならばこそ書くことが許される本である。

中山先生のお筆によって、佐伯先生からの後進への問いかけと訴えが虚飾なく提示された。私達はこの重さを担い、限りない問い返しでそれに耐えなければならない。私は「日本法理」を先生のお命の書だと思っている。

先生、私はもっともっとお話を伺いとうございました。御病臥とも知らず、春には、震災ストレスの悩みを文に認めたり致しま

した。御闘病中のお心を煩わせた無礼をお許し下さいませ。今、そちらの刑法学会は壮観でございますね。先生の本当に分け隔てのないお人柄で、それでなくとも気難しい先生方を温かくまとめていらっしゃることでしょう。佐伯先生が「君だから書いてくれたね、有難う」と仰っているにちがいないと信じます。合掌

(中央学院大学教授)

中山研一先生のノート

横 田 尚 昌

　大阪市立大学在学中に、中山先生の刑法のゼミに参加させて頂いて以来、さまざまな形で中山先生にお世話になり、折に触れて叱咤、激励頂いた記憶は、今やしっかりと私自身の中に刻み込まれ、いっそう響きを増している思いがいたします。

　さて、中山先生との思い出の中で最も印象深かったことは、先生の若かりし頃のノートを見せて頂いたことです。それは、ある日のゼミが終わった後、先輩と一緒に先生の研究室を訪れた時でした。先輩や私は、いろいろ質問をしたり、文献のコピーを取り出して「ここの記述がよくわからないのですが」と尋ねたりしていたのですが、そうしたら、ふと先生は「君たちの時代はいいね、そうやってすぐにゼロックス（コピー）がとれるからね。私たちの時代は、何も無かったから、図書館で一生懸命本から書き写したものですよ」と普通罫の古びた大学ノートを書架の下の方から取り出されました。そして、それを開かれ、「ほら、これですよ、昔は紙がなくてね、こうして罫線の間に二行書いて節約していたんです」と、極細の万年筆のペン先で、細やかに字がぎっしりと縦書きに書き込まれたものを見せられました。中山先生は続けて、「しかし、こうやって書き写すにも時間が無限にあるわけじゃないから、要約して書いたり、重要なところを抜き書きし

たりせざるを得なかったんです。だから、たえず緊張感をもって読み込みました。要約を間違えたらおしまいですからね。でも、そうすることでたいへん勉強になりました。たとえば、ある論点について、それぞれ著者の先生はどのように解釈しておられるのかを、それぞれ本の表現の違いにも注意しながら整理、要約していくと、錯綜する議論の状況がよく見えてきたのです。またそうしておくと、後で見直したときにも、よくわかりますし、論文書くときに重宝しました。"あの論点に対する学説論争を、どのように表現しようか"と思ったとき、すぐに手がかりを得ることが出来ますからね。そう、私の体系書の原型もあの苦しかった学生時代のこのノートにあるといってよいかもしれません。何をするにも整理は大切ですよ。ただし、きれいに片付けることが整理だと思ってはいけません。いくらきれいにしていたって、どこに何があるのかが分かっていないと、いざというときに取り出せませんからね。君たちは、文献のコピーをさっととってきれいにファイルして、いつでも参照できるようにしているけれど、私どもの時のような整理の訓練ができていないかもしれませんね」とおっしゃいました。そのうえで先生は、先ほど私が「コピーした文献のここの記述がよくわからないのですが」と申していたところの説明をしてくださったのですが、"そもそも、きちんと整理ができていないから、そこの記述の意味がわからなくなるのですよ"と言外におっしゃっていたことは申すまでもありません。

　そして、この日を境に、中山先生に対するイメージは変わりました。すなわち、それまで中山先生は我々とは違って頭が良いから、あのような整理の行き届いた論文や体系書を書かれるのだと思っていました。しかし、それは実は生まれながらの頭の良さと

いうよりも、むしろ整理を几帳面になさる先生ご自身の努力の賜物であり、だからこそ、中山先生なのだと思うようになったのです。

また、決して無理をされない中山先生でした。原稿は、いつも締切日前に余裕をもって仕上げておられたようです。「直前になって尻に火がつかないと原稿が書けない人や、直前に慌てて無理をして書いて体を壊す人がいますが、しかし、それが人間の本来の姿なのかもしれません。だからこそ、心して対処しないと余裕は作り出せませんよ」とおっしゃっていたことが思い出されます。

もうひとつ印象に残っていることは、中山先生の出版原稿の索引作りや文献のチェック作業をゼミ生らで手伝わせて頂いた時におっしゃったことです。当時は、索引に掲げる語句及びページ番号を紙に書き出していって、その紙を語句ごとに短冊状に切って五十音順に並べ替えて別紙に貼るという何とも原始的な方法で索引の作成がなされていました。その延々とした作業に入る際に、中山先生は我々に対して「休憩しながら作業してくださいよ、私は何時間座り続けていても平気だけれど、そんな私の真似をしたら参ってしまいますよ」とおっしゃったのです。これを聞いただけで、我々は参りました。

そのような中山先生を、偲びますに、変速機なしの大きな自転車をこぎはじめるようにして研究生活のスタートを切られ、最初はとてもゆっくり辛そうにこいでおられたけれども、先生持ち前の気力、体力、精神力でもって徐々にスピードを上げて行かれ、最終的には他を寄せ付けぬ高速度走行を安定的にこなされて、「一気呵成」に体系書を書き上げられた、そういう思いがいたします。

どうか、安らかにお眠りください。　　（東北学院大学准教授）

中山研一先生と「頑張る！」

　　　　　　　　　　　　　　　　　　吉　井　　匡

　私が中山研一先生と初めてお会いしたのは、まだ大学院に進学する前、立命館大学法学部の刑法の授業であったように思います。授業では、先生の優しい語り口ながら、その中に含まれる、先生の刑法に関する膨大な知識の一端を、当時学部生だった私は、畏敬の念を持ちながら拝聴していました。

　その後、立命館大学の大学院に進学した私は、刑法読書会の事務局を務めることになりましたが、そこでも中山先生にはご報告等で大変お世話になりましたし、先生はほぼ皆勤で刑法読書会にお越し下さいました。どんな若手の報告もきちんとお聞きになり、その後質問をされる先生の姿は、今も記憶に残っていますし、研究者のあるべき姿を体現しているようにも思えました。

　ただ、刑法読書会では、研究会終了後の懇親会の開催が恒例になっていますが、そこには先生はあまりお見えになられませんでした。昔から刑法読書会に参加されている先生によれば、かつては懇親会にお見えになられていたこともあったと伺いましたので、懇親会での先生を拝見することができなく残念だと思う反面、寸暇を惜しんで、生涯を研究に捧げられた中山先生らしいという気もします。

　同志社大学で開催されている刑事判例研究会でも先生からは多

くのご指摘を頂きました。中山先生は弁護士として実際の刑事裁判にかかわっておいでしたので、時には理論上の問題点を、またある時には実務上の問題点を指摘され、大変勉強になりました。特に、私の専攻する刑事訴訟法は、理論と実務の乖離が激しいと言われることもありますので、その双方に通じておられる中山先生のご指摘は貴重なものでした。今こうして思い返すと、中山先生の存在がいかに大きいものであったか、身をもって感じる次第です。

今、私の手元にある先生のご著書である『新版 口述刑法各論』(2003年、成文堂) には、先生のサインとともに「頑張る！」と記してあります。これを頂戴した当時、私は「なんで、『頑張れ！』ではなくて、『頑張る！』なんだろう？」と不思議に感じました。本来ならその場で、「どうして『頑張る！』なんですか？」とお聞きすればよかったのですが、結局、その機会を逸してしまいました。今となっては、それを聞くこともできないのですが、改めて先生のこの「頑張る！」を目にすると、いかにも、病床でもなお研究への意欲を失われなかった中山先生ならではのお言葉であるという気もするのです。私も、関西で刑事法を学んだ人間として、この「頑張る！」の気持ちを忘れずに、これからも研究に励んで参りたいと思います。

中山先生、今までご指導頂きありがとうございました。どうか安らかにお眠り下さい。

(香川大学准教授)

中山先生が求めたもの

米田 泰邦

　恩師佐伯千仭先生に次いで40で夭逝した兄と同年代の中山先生を送った。先生とのかかわりは古稀祝賀論文集第1巻の「患者の権利論と医事刑法」の冒頭で述べたし、私の新しい論文集『管理監督過失処罰』はしがきでも触れた。関大の植田重正教授門下の兄弟子の中義勝教授の紹介で生涯の恩師佐伯先生の指導を受けた修習生時代には、修士課程以来のフランス未遂論の発表もしたし、裁判官時代には佐伯先生との共著に続いて、司法研究のほか、刑訴法研究会での研究の発表もし、修士論文を大幅に変えた社会的行為論の提唱もした。しかし、退官後の学会報告の主観的目的的行為論批判の判例タイムズでの発表は、中山先生の紹介によるものであったし、それをきっかけにした同誌での一連の発表を主体にした成文堂での刑事法研究の出版も先生の紹介のお陰であった。私の行為論が木田純一『戦後日本の刑法学』で米田理論の節で破格の扱いを受けたのも、先生や吉川経夫先生の推奨を受けたものと聞いている。西ドイツ刑法改正代案グループの提案の翻訳やE.シュミットの医事刑法論の輪読、関西の若い研究者に研修の場を与えた泉ハウスを提供した泉正夫医師との関係で大阪医師会での医事法の発表もしたし、火災刑事事件問題の共編のほか、先生編集の出版に寄稿もしたが、中教授と先生の推薦で唯一

の実務家として参加した刑事法学の動き研究会も多くの発表機会を与えた。その研究会で脳死移植の最近の動向の報告を聞き、帰りに短いことばを交わしたのが最後であった。学問的には、佐伯刑法学を介して共通するものが少なくなかったが、異なる部分も多い。しかし、このように半世紀を超える研究活動の中で与えられた発表機会の多大な支援は、実務家の私にとって、きわめて貴重であり、それなしには今の私はないといって差し支えない。

　先生はもっとも精力的に多くの著作を残した研究者の一人であり、膨大な著編書に加え、14巻を数える刑事法研究を残された。数少なくなった先輩の背を見て動いてきたものとして淋しい限りである。私も傘寿を超え、多くの研究者の生涯の業績の前例を見て、棺を覆って評価が定まる時期に入ったものとして、この半世紀に何をしてきたかを考え続けている。佐伯先生が復帰して京大刑法学を守り、敗戦後の瀧川追放後も輝かしい業績を重ねられた半世紀は沈黙を守りながら、戦時下の文章に死者に鞭打つ言挙げをする感覚は理解を超える。ナチスの暴虐を支持したドイツの法哲学者の痛烈な反省も知っているが、公職追放の制裁を受けた小野清一郎博士にもそれに値する誤りはなかったのではなかろうか。日本でも敗戦後の研究者たちの多くを動かした主観的目的的行為論や交通事故の信頼の原則に対してナチス時代の法思想だと言えば済むかのような教条的批判も聞いていたが、問題がそのようなところにないことは言うまでもない。頂いた14巻の礼状には、これに類する感想を書いていたが、病状が進んでいた先生には読んでいただけなかったと聞いている。

　先生は「動き」研究会でも取り上げられる研究が何を新しく付け加えたかを厳しく吟味することを求められていた。大きな限界

を残していても豊富なデータベースを踏まえて厳密な編集委員会審査を行っている欧米の医学専門雑誌では常識である。先生も弁護人席に座って裁判の事実認定の問題の深刻さを述懐されていたが、刑事裁判の実態に踏み込んだ泌尿器科専門医の「痛々しい」刑法学批判を跳ね返すには、先行研究との関係や判例との付き合い方に及ぶ刑事法全般にわたる根本的な再検討が求められていると思う。ドイツ医事法学の実情や変遷を知った次の医事法シリーズ2『医療者の刑事処罰』の作業を通じて相も変らぬ刑法学の病理と向き合うことになった。二割司法の問題も抱えたわれわれにはエーザーの刑法学の後退は象徴的であった。

　これも敬愛する先生が私の書架の大きな部分を占める巨大な業績とともに残された重い課題ではなかろうか。

（弁護士）

「年1本」から「年3本」へ

渡辺　修

1　「年3本の業績を書きます」。四半世紀以上も前のこと。まだ身分は院生のまま、前任校である神戸学院大学法学部に就職が決まり、泉ハウスのハウスキーパーを務めていた妻と結婚することとなった。金のない院生とまだ京大法学部学生のままの妻との結婚。そんな場合、当時の京大院生文化の中で流行っていたのが、会費制披露宴。要するにコンパの続きのノリで開く披露宴。これを京大会館で行った。披露宴冒頭の二人の誓いの1箇条が冒頭の宣言であった。

2　むろん、京大刑事法の重鎮であった中山先生にもお越し頂き、御挨拶をたまわった。それまでにも、刑法読書会の折々に、若手研究者として心得るべきこととして、よく、「年に一本は論文をお書きなさい」、「教授になると研究しなくなるから、そうならないように心がけなさい」とお言葉をかけて頂いた。それが念頭にあった。だから、結婚式冒頭では、思い切って、「年3本」を宣言した。論文、判例評釈、文献紹介、研究ノート……なんであれ、「研究業績」を出す。宣言をお聞きになった後の中山先生の御挨拶では、「それはちょっと無理でしょうが、まあ頑張って」と励まして頂いた。内心では、身の程知らずが、と苦々しく思われていたのではないかと思う。思えば、生意気なだけの院生であ

ったと思う。

3　が、この結婚式での宣言は、その後も自分の研究のあり方の原点にした。学会発表、フルブライトでの留学、初の単行本出版、そして、実務に接点をもった調査研究の確立、その成果発表。

　そんな来し方を振り返ってみると、単行本、編集本、訳本なども含めた「業績」は、数だけで言えば、年平均3本以上は出して来た。もとより、学会での評価はさほどでもない。だが、研究者としての最低の責務は、そして、なによりも、中山先生へのお約束は、まがりなりにも果たせた。

4　現在、筆者は甲南大学法科大学院の院長職にある。統廃合が現実の問題となっている高等教育機関の責任者だ。気は重いが、この「カオス」の時代を乗り切って「甲南ローヤー」が育つインフラ整備をするのも学者の責務の一端だ。ただ、法曹養成教育の性質と、今後の刑事訴訟法学の展開をにらんで、今は、刑事弁護中心に弁護士としての活動も行っているだけに忙しい。

　しかし、「年3本」の誓いは守りたい。毎年確実に、とはいかないまでも、研究者退職となる定年までの平均ではそうなるようにしたい。むろん、我ながら内容が粗雑になってきた、と嘆いているが、それはそれでいい。別段学会トップに居るわけでもない。その点は先生のお目こぼしを頂こう。ただ、研究材料と分析方法そして提言内容において幾分の独自さを心がけたい。

　「年3本」を守る。これを再度誓って、「中山シューレ」の裾野にいる学者からの鎮魂の言葉としたい。（2011年11月26日、大阪パブリック法律事務所にて）

（甲南大学教授）

中山研一先生に教えられたこと

渡 邊 卓 也

　私が刑法を学んだ最初の教科書は、中山先生の『概説刑法』である。いうまでもなく、同書は、簡にして要を得た記述の中に健全な批判精神を宿した名著であり、同書を読み進めることで、私の刑法学への関心は否応なく高まったといえる。その後、大学院で刑事法を専攻し、研究者を目指すことになったのも、この時、刑法学の面白さを知ったからに他ならない。その意味で、私は、先生から、研究生活に入るきっかけを与えて頂いたのである。

　先生に直接お会いしたのは、私が博士後期課程に進み、刑法学会大会に参加した際に、後ろ姿をお見掛けして、お声を掛けたのが最初と記憶している。既に当日の日程を終え、帰り掛けていたにもかかわらず、先生は、見知らぬ院生にも、優しく応じてくださった。ちょうど、メールを使いはじめたと仰っていた先生に、後日御礼のメールを差し上げた時も、丁寧なお返事を頂いた。そのことを周囲に自慢したことは、若かりし日の思い出である。

　その後も、学会大会の度に先生とお話しする機会を得たが、先生のお話で特に印象に残っているのは、次の二つである。

　まず、たとえ立派な研究をしていたとしても、論文として世に問わなければ、意味がないということである。実際に執筆するようになると、他人に向けて、説得力のある形で研究内容を文章化

することは、想像以上に困難な作業であると知ることとなった。しかし、私はこのことを、研究者の身に付けるべき基本的な学問的態度として、常に肝に銘じている。このお話をされた時、先生は、床から積み上げたとしたら自分の身長よりも高くなるほどに、業績を重ねるのが目標だと仰っていた。多作な先生であれば、それも充分達成可能であろうが、非才な私には、到底掲げることのできない目標だと感じたことを覚えている。実際、現在においても、私の業績は、文字通り先生の足下にも及ばない。せめて先生の膝下に近づけるように、精進しなければならないと考えている。

次に、研究対象を限定せず、様々なことに関心を持ち、研究の幅を拡げて行かなければならないということである。実際に研究を進めていく中で、専門外のことを勉強する過程で、有益な示唆を得ることが多いと知ることとなった。それゆえ、私にとってこのことは、研究者として成長する上で、不可欠な指針であったと考えている。このお話をされた時、先生は、あたかも一本の木が成長して枝を広げていくように、一つの研究対象から隣接する研究対象へと徐々に研究の幅を拡げて行けばよいと仰っていた。多才な先生であれば、それも容易であろうが、未熟な私に、そのようなことが果たして可能であろうかと不安を感じたことを覚えている。実際、現在においても、私の研究は、思いつくままに伸び散らかした雑草のような有り様である。せめて花の一つでも咲かせられるように、精進しなければならないと考えている。

専任の職を得た後も、論文をお送りするなどして先生との交流は続いたが、私が関西の大学に異動したことで、先生にお会いする機会も増えることとなった。とりわけ、刑法読書会や刑事判例

研究会といった研究会においては、毎月のように先生にお会いし、報告の折などには直接議論させて頂くこともあった。尊敬する先生に、直接ご指導頂くことは、私にとって大きな喜びであった。また、教職を退かれた後も研究意欲を失わず、むしろ積極的に、数々の論文を世に問い、研究会に参加され、後進の指導にもあたられていた先生と接することで、尊敬の念を深めることとなった。

　以上のように、先生には、研究生活に入るきっかけを与え、研究に臨むために必要な学問的態度と指針を示し、そして、直接指導して頂いた。私が刑事法研究者として、曲がりなりにもやって来ることができたのも、先生を尊敬し、少しでも近づこうと努力して来たからだと思う。そんな道標のような先生が亡くなられたことは、私にとって大きな悲しみであるが、先生の学恩に少しでも報いることができるよう、研究に邁進する決意である。中山先生、どうか変わらぬ笑顔で、見守っていて下さい。

（姫路獨協大学准教授）

故 中山研一先生略歴・主要著作

略　歴
1927 年　滋賀県に生まれる
1968 年　京都大学法学部教授
1968 年　法学博士（京都大学）
1982 年　京都大学名誉教授
1982 年　大阪市立大学法学部教授
1990 年　大阪市立大学名誉教授
1990 年　北陸大学法学部教授
2011 年 7 月 31 日　逝去

単　著
ソヴェト刑法（同文書院　1958 年）
ソビエト法概論・刑法（有信堂　1966 年）
因果関係（有斐閣　1967 年）
現代刑法学の課題（日本評論社　1970 年）
現代社会と治安法（岩波新書　1970 年）
増補ソビエト刑法（慶応通信　1972 年）
刑法総論の基本問題（成文堂　1974 年）
口述刑法各論（成文堂　1975 年）
口述刑法総論（成文堂　1978 年）
ポーランドの法と社会（成文堂　1978 年）
刑法の基本思想（一粒社　1979 年、増補版　成文堂　2003 年）
刑法各論の基本問題（成文堂　1981 年）
刑法総論（成文堂　1982 年）
刑法各論（成文堂　1984 年）
選挙犯罪の諸問題①（成文堂　1985 年）

刑法（全）（一粒社　1985 年）
大塚刑法学の検討（成文堂　1985 年）
刑法改正と保安処分②（成文堂　1986 年）
アブストラクト注釈刑法（成文堂　1987 年）
一定刻主義者の歩み（成文堂　1987 年）
脳死・臓器移植と法（成文堂　1989 年）
争議行為「あおり」罪の検討③（成文堂　1989 年）
概説刑法Ⅰ（成文堂　1989 年）
概説刑法Ⅱ（成文堂　1991 年）
刑法の論争問題④（成文堂　1991 年）
脳死論議のまとめ（成文堂　1992 年）
わいせつ罪の可罰性⑤（成文堂　1994 年）
刑法入門（成文堂　1994 年）
脳死移植立法のあり方（成文堂　1995 年）
刑法諸家の思想と理論⑥（成文堂　1995 年）
ビラ貼りの刑法的規制⑦（成文堂　1997 年）
安楽死と尊厳死⑧（成文堂　2000 年）
臓器移植と脳死（成文堂　2001 年）
判例変更と遡及処罰⑨（成文堂　2003 年）
新版　口述刑法総論（成文堂　2003 年）
新版　口述刑法各論（成文堂　2004 年）
心神喪失者等医療観察法の性格⑩（成文堂　2005 年）
心神喪失者等医療観察法案の国会審議⑪（成文堂　2005 年）
定刻主義者の歩み（成文堂　2005 年）
違法性の錯誤の実体⑫（成文堂　2008 年）
21 世紀の刑事立法と刑事裁判⑬（成文堂　2009 年）
佐伯・小野博士の「日本法理」の研究⑭（成文堂　2011 年）

（〇数字は刑事法研究の巻数）

定刻主義者逝く
中山研一先生を偲ぶ

2012年2月5日　初版第1刷発行

「中山研一先生を偲ぶ」文集刊行委員会

井戸田　侃	光藤　景皎
鈴木　茂嗣	浅田　和茂
上田　　寛	松宮　孝明
伊賀　興一	石川　元也
石松　竹雄	阿部　耕一

発 行 者　阿 部 耕 一

〒162-0041　東京都新宿区早稲田鶴巻町514
発 行 所　株式会社　成 文 堂
電話 03(3203)9201(代)　FAX 03(3203)9206
http://www.seibundoh.co.jp

製版・印刷　㈱シナノ　　　　　製本　弘伸製本
☆乱丁・落丁本はおとりかえいたします☆
©2012 文集刊行委員会　　Printed in Japan
ISBN978-4-7923-7093-0 C1095　**検印省略**

定価（本体1500円＋税）